Psicología pragmática

Herramientas prácticas para ser locamente feliz

Susanna Mittermaier

ACCESS
CONSCIOUSNESS®
PUBLISHING

Psicología Pragmática

Derechos reservados © 2019 Susanna Mittermaier
ISBN: 978-1-63493-239-4

Foto de portada por: Lena Evertsson

Publicado por
Access Consciousness Publishing, LLC
www.accessconsciousnesspublishing.com

Impreso en los Estados Unidos de Norteamérica

Índice

Introducción

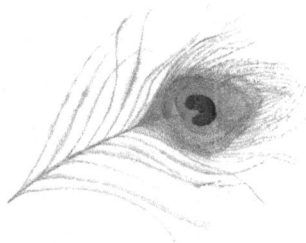

Escribir este libro ha sido un viaje fantástico y un placer. Se supone que tendría que haber dicho que fue un trabajo duro y que me llevó mucho tiempo. Estaría mintiendo. Fue fácil y rápido. Tal como soy yo.

Te estoy presentando lo que sé y te estoy invitando a que tú descubras lo que tú sabes. ¿Qué tal si tú supieras mucho más acerca de tí y la vida que en verdad te gustaría tener? ¿Qué tal que las cosas que juzgas de equivocadas y locas o insanas son exactamente las herramientas para adentrarte a tu felicidad y el gozo que eres. ¿Qué tal que empezaras a celebrar la diferencia que eres?

GRATITUD

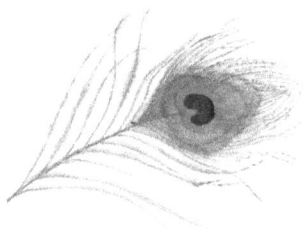

Mi gratitud es enorme. Gracias Gary M. Douglas, el hombre que sigue reconociendo lo que soy y de lo que en verdad soy capaz. ¡Gracias por ser y por vivir la realidad más grandiosa que está disponible en este planeta y por nunca darte por vencido! Gracias, Dr. Dain Heer, el hombre que me invita al gozo y la potencia que soy y me continúa recordando que mi realidad en verdad es la facilidad, el gozo y la gloria. Gracias a mi mamá y papá. ¡Son personas tan gentiles! Tenerlos como padres es el honor más grande. Gracias por apoyarme a ser quien soy.

Gracias Joy Voeth por el servicio para publicar y por el gozo y la facilidad de crear con ustedes. Y gracias a todos los que estuvieron involucrados en la edición y diseño.

Gracias a los lectores por considerar posibilidades más grandiosas para ustedes mismos.

Disfruten de la lectura.

Disfruten de sí mismos.

Susanna Mittermaier

HERRAMIENTAS PRÁCTICAS PARA SER LOCAMENTE FELIZ

🖋 ¿Es ahora el momento para crear el mundo que siempre supimos que era posible?

🖋 ¿Qué tal si vivir pudiera ser mucho más ligero y fácil de lo que pensaste que fuera posible?

🖋 ¿Qué tal que pudieras dejar ir todo lo "incorrecto" de ti, toda la duda acerca de lo que no puedes lograr, todos los juicios que tienes de tí mismo y te vuelves consciente de quién eres realmente y de lo que realmente eres capaz de hacer?

🖋 ¿Será momento de superar el lastre de tu pasado?

🖋 ¿Qué tal que la psicología pudiera ser más que resolver problemas? ¿Qué tal que la psicología pudiera tratarse de empoderarte a ser todo lo que eres y a que sepas lo que sabes? ¿Qué tal que la psicología pudiera tratarse de crear un futuro diferente, sustentable para ti y para todos nosotros?

🍃 ¿Qué realidad que nunca antes ha existido eres ahora capaz de generar y crear para ti y para el mundo?

🍃 ¿Es ahora el momento de disfrutar y usar tu locura para crear la vida que en realidad deseas?

🍃 ¿Es ahora el momento de que seas locamente feliz?

❋ ❋ ❋

Es curioso, acabo de darme cuenta de que empecé este libro escribiendo la parte que va al final, el gran final, invitándote a algo más allá de las limitaciones que pensaste que son reales; un mundo diferente. Supongo que si elegiste este libro, es porque estabas pidiendo algo más grandioso.

¿Así que porqué no empezar con ello inmediatamente? ¿No has esperado tu vida entera a que empiece lo bueno? ¿Qué tal que el final feliz está disponible *ahora*, y qué tal que éste fuera tan solo el principio?

¿Qué tal que pudieras dejar de criticarte por desear algo más grandioso, más allá de lo que esta realidad parece ofrecer y de lo que otros dicen que es posible? ¿Sabes qué regalo eres para el mundo tan solo por ser tú y por pedir más?

La mayoría de las personas han sido juzgadas por nunca estar satisfechas. Pedir más es lo que pone al mundo en movimiento. Es lo que permite que se presenten nuevas posibilidades más allá de las limitaciones que los demás hacen reales .

¿Cuánto de tu vida estás usando para resolver problemas y situaciones? ¿Cuánto estás intentando sentirte bien como si fuera el resultado que debes lograr? ¿Y cuán mal te has sentido durante tu vida entera por no llegar al punto donde te sientes suficientemente bien?

¿Cuánto te estás juzgando a ti mismo diariamente por no hacerlo bien, por no hacer lo suficiente, por no tener el cuerpo correcto, la relación correcta, el dinero, el sexo maravilloso, la carrera profesional y el negocio exitoso? ¿Cuántas veces en tu vida caíste en depresión, ansiedad, ataques de pánico y otras expresiones no tan cómodas y te sentiste atrapado sin salida?

Esta es la realidad en la que la mayoría de la gente vive. Es un mundo donde la depresión, la ansiedad y otras enfermedades son parte normal de la vida. ¡Sentirse mal y tener problemas es considerado normal en esta realidad! ¿Cuántos de tus problemas estás creando para ser normal? ¿Qué tal que pudieras superar el ser normal y acceder a tu verdadera genialidad?

❋ ❋ ❋

Soy psicóloga clínica y he estado trabajando en cuestiones de salud mental durante años y he conocido a incontables personas con todo tipo de diagnósticos y problemas. Lo que todos me dicen es qué tan terribles son; que tienen todo tipo de problemas y que nunca hacen bien las cosas o no encajan en ningún lugar al que van. Dicen que les gustaría cambiar, pero no creen que cambiar sea posible porque han probado tantas otras técnicas y terapias y nada ha funcionado realmente. Algunas veces conozco a personas donde es tan profundo que han dejado de hablar. Otros han probado varios medicamentos, pero ninguna había tenido el efecto deseado.

Mis clientes tienen diagnósticos tales como: depresión, ansiedad, esquizofrenia, fobias, trastornos alimenticios, trastorno de personalidad, bipolaridad, trastorno de déficit de atención con hiperactividad, trastorno por déficit de atención, trastorno obsesivo compulsivo, autismo, Asperger y variaciones de las mismas.

Trabajo con estas personas de una forma muy diferente a lo que he aprendido en la educación que tuve para hacerme psicóloga. Nunca estuve realmente feliz con las herramientas que me fueron dadas y siempre he sabido que algo más grandioso es posible. Así que empecé con el camino de encontrar una forma de facilitar un cambio que funcionara. Lo que encontré fue Access Consciousness, fundado por Gary M. Douglas y cocreado por el Dr. Dain Heer.

Access Consciousness ofrece herramientas y técnicas para cambiar lo que sea que está pasando en tu vida y que puedas salir de la trampa de pensar que no hay otra elección más que estar agobiado por lo incorrecto de ti, para llevarte a un lugar en donde sepas que tienes elección, en donde sepas que sabes y donde te sientas con la libertad de ser quien eres. Este es el espacio donde estás en casa, creando tu mundo. Esta forma de crear cambio es realmente diferente.

¡Ahora empecemos!

CAPÍTULO UNO

DE CÓMO ESTUVE EQUIVOCADA EN TODO

Yo sé, por experiencia propia, acerca de los retos de la transformación personal. A pesar de mi éxito público, hace 5 años me di cuenta de cuán infeliz era. Tenía todo lo que cualquier persona de este mundo diría que es lo que se requiere para ser totalmente feliz y estar satisfecha, una educación, un buen hombre, dinero, una casa, un trabajo, una carrera floreciente y estaba embarazada. Eché un vistazo a mis vecinos y me dije a mi misma "¿Por qué no puedo ser igual de feliz que estas personas? Tengo todo. ¿Qué está mal conmigo?"

Poco después de ello, todo mi mundo se giró a mi alrededor. Recuerdo estar regresando del doctor después de haber recibido las noticias de tener un bebé muerto en mi vientre. Ya estaba bastante adelantada en mi embarazo y estaba parada en mi sala de estar en mi casa perfecta, y mi vida perfecta se derrumbó justo frente a mí, y literalmente las luces se prendieron. Tuve una de esas experiencias raras en donde vi luces blancas alrededor mío... y sabía que todo estaba bien. ¡Era feliz!

No se suponía que fuera feliz sabiendo que había perdido todo lo que pensaba que quería. Sin embargo, pronto empecé a crear una realidad mucho más grandiosa ¡la muerte de mi hijo dio a luz a una vida que no pensé que fuera posible tener en este planeta!

¡Ahora sé que hay una posibilidad diferente para todos nosotros! ¡Lo sé más allá de cualquier duda! Y quisiera invitarte a lo que tú sabes que es posible.

* * *

Cuando inicié con Access Consciousness, me di cuenta que la psicología fue diseñada para mejorar tu vida y al mismo tiempo seguir perteneciendo a esta realidad, haciendo una mejor versión de ti, haciendo de ti una versión mejor de lo que eras antes; para poder pertenecer es requiere que cambies tu forma de pensar y de comportarte.

Este enfoque no deja mucha libertad ya que está basado en los juicios de lo que es la forma correcta de ser y de vivir, y la forma incorrecta de ser y vivir. Te deja en un lugar donde tienes que descifrar constantemente qué elegir para estar en lo correcto, para encajar y ser "normal."

Sin embargo, me empecé a preguntar: ¿Es eso suficiente? ¿Eso está funcionando? ¿Qué es lo que mis clientes realmente saben?

Te estoy invitando a algo diferente, en donde no te voy a decir lo que está bien o lo que está mal, lo que tendrías que hacer o no tendrías que hacer. Te estoy invitando a hacer preguntas y descubrir lo que es verdad para ti.

Cuando me embarqué en este viaje, me sorprendió encontrarme con que la vida puede ser mucho más expansiva que tratar de encajar y ser normal. Siempre supe que la felicidad era una elección que todos tenemos. Al hacerme adulta me olvidé de esa posibilidad ya que estaba muy ocupada tratando de crear una vida "normal." Parecía ser la imagen perfecta, sin embargo lentamente estaba deprimiéndome más y más viviendo la versión de la vida de alguien más.

¿Cuánta de tu depresión, ansiedad y otros problemas son por vivir la versión de la vida de alguien más, y porque tú sabes que hay mucho más disponible para ti que nunca te has permitido elegir? ¿Cuánto es por lo que te han dicho que lo que tú sabes que es posible no lo es? ¿O que te dijeron, con o sin palabras, que estás loco por siquiera considerar algo diferente? ¿Cuánto has escuchado estas declaraciones, juzgándote como incorrecto, reteniendo todo lo que sabes que es verdad para ti, creando dolor, tensión, depresión y problemas psicológicos y atascándolos en tu cuerpo?

¿Es ahora el momento de cambiar esto?

¿Qué tal si reconocieras que lo que es verdad para ti podría cambiar toda tu vida y más?

Reconocer quien soy y lo que sé es lo que cambió mi vida de la depresión a una creación fantástica a súper velocidad con mucha felicidad.

¿Estás listo para superar lo que percibes son tus problemas y lo que pensabas que era real y encontrar qué posibilidades y aventuras te están esperando?

Tengo que advertirte: es loco y es fácil. Dos cosas que no están permitidas en esta realidad. ¿Estás listo para romper las reglas?

* * *

Quizá te preguntes acerca del título de este libro y qué es lo que tiene que ver la psicología con crear tu mundo. Y porqué "mundo" ¿no es eso algo grande? Si, lo es. ¿Qué tal si salir de lo equivocado de ti y crear tu forma de vida no sólo cambiaría el mundo, sino que también será la invitación para que otros elijan, y para que otros sepan que saben y que sean quienes son?

He visto que esto ocurre con tantos de mis clientes. Eligen más ser quienes verdaderamente son en verdad y toda su realidad cambia. Cada vez que elijo dar un paso al frente y celebrar la vida y la diferencia que soy, mi realidad y las personas a mi alrededor cambian.

Solía intentar hacer felices a mis padres y hacía todo lo que podía para mostrarles que la vida podía ser mucho más grandiosa que el drama y el trauma y pensar que todo lo que hacen está mal. Entre más intentaba hacerlos felices, más infeliz me volvía. Cuando empecé a disfrutar de mi felicidad, ellos empezaron a hacerme preguntas acerca de qué hacía para ser tan feliz. Se interesaron en aprender más acerca de las herramientas que usaba. Incluso empezaron a venir a talleres que yo facilito y me dicen cada vez que aprenden algo nuevo.

Ahora saben que tienen elección en cada momento, y sé que tengo elección de estar en permisión de lo que ellos eligen.

Este libro es una invitación para ti para que salgas de la caja que llamas tu vida; que sueltes los juicios que te limitan y las cosas que llamas problemas para que puedas ser quien eres realmente y generes y crees tu realidad como realmente la quieres.

¿Qué tan diferente sería tu mundo si dejaras ir lo "incorrecto" de ti, lo significativo de tus problemas y te dieras cuenta de lo que es verdad para ti?

Quizá me llames loca por tener tal punto de vista. Y estarías en lo correcto; lo estoy. ¿Qué tal si estar locos nos permitiera ser la diferencia que somos realmente y qué tal que nos permitiera darnos cuenta de que hay una posibilidad diferente para todos nosotros en el mundo? ¿Qué tal si permitirte ser loco y diferente significa no trabajar tan duro encajando y siendo como todos los demás e intentando ser "normal"? ¿Estás consciente de cuánta energía se requiere para tratar de ser normal y encajar?

¿Qué tal si cada cosa "incorrecta" que piensas que tienes es realmente una "fortaleza"? ¿Qué tal si el monstruo que piensas que eres es, de hecho, la diferencia que eres, y qué tal que eso es exactamente lo que requiere el mundo de ti? ¿Qué tal que tu nombrada enfermedad mental es simplemente una etiqueta de las capacidades que tienes? ¿Estarías dispuesto a considerar esa posibilidad? ¿Estás dispuesto a dejar ir tus puntos de vista acerca de quién pensaste que eres y empezar la aventura de descubrir quién eres realmente? ¿Qué es lo que sabes que realmente es posible para ti?

¿Estás dispuesto a abrirte a una posibilidad diferente?

¿Qué tal si tuvieras una elección diferente aparte de ser la víctima de tu historia, de tu pasado, de tu infancia y de tus problemas? ¿Qué tal si tuvieras la posibilidad de elegir algo diferente? ¿Y qué tal si fuera muchísimo más fácil y rápido de lo que nadie te haya dicho antes?

Este libro te dará información, herramientas y llaves para tu libertad más allá de lo que llamas problemas, difi-

cultades y más allá de la necesidad que tienes de limitarte
a ti mismo.

Cuando fui al bachillerato yo no era considerada tan
inteligente como otros chicos. El término usado era "no
tan dotada." Pero en la universidad era una de las mejores
estudiantes. Eso no me hacía nada de sentido así que me
preguntaba a mi misma "¿Qué es lo que realmente está
pasando? ¿Cuál es la toma de consciencia aquí que no he
reconocido?" Lo que descubrí es que lo que llamaban "discapacidad" era simplemente una señal de que yo proceso
la información de diferente forma. Aprendí que lo que era
considerado algo "equivocado" es una diferencia que puedo
usar para mi propio beneficio, ya que me permite procesar
mucha información en un corto periodo de tiempo con total
facilidad. Antes de que empezara a hacer preguntas para
descubrir lo que era verdad para mi, me hice el resultado
de mi infancia y pensaba que era estúpida. Al ir haciendo
preguntas, se abrió un mundo completamente diferente.

¿Qué habilidad has identificado mal como una discapacidad?

¿Qué tal que fueras mucho más que tus problemas, pensamientos, sentimientos y emociones? ¿Qué tal si pudieras
utilizar tu nombrada enfermedad mental para tu ventaja?
Bienvenidos a la súper mujer y al súper hombre que en
verdad eres.

Muchos de mis clientes me dicen que les hubiera gustado recibir esta información cuando eran jóvenes, ya que
esto hubiera cambiado toda su vida.

No soy una experta o una gurú. Estoy aquí para invitarte a que descubras lo que ya sabes. Cuando leas esto, date
cuenta de lo que te hace sentir más ligero y lo que expande
tu universo.

Lo que te hace sentir más ligero es lo que es verdad para ti.

¿Es ahora el momento de descubrir lo que sabes?

¿Es ahora el momento de confiar en ti mismo?

❀ ❀ ❀

Susanna, La psicóloga rara

Durante años he estado trabajando como psicóloga clínica, usando diferentes tipos de métodos, por ejemplo: terapia psicodinámica de corto y largo plazo y psicoterapia cognitiva de comportamiento. Realizo pruebas de neuropsicología para determinar ciertos diagnósticos.

En mi primer año como psicóloga clínica mi trabajo se sentía pesado y mi cuerpo frecuentemente se cansaba. Tenía el punto de vista que era mi responsabilidad cuidar de mis pacientes, de mejorarlos y de salvarlos de cometer suicidio.

¿Ahora quieres cerrar el libro y dormir? Bueno, así fue mi primer año como psicóloga. Trabajar y dormir. Y para muchos de mis colegas esa es aún la realidad en la que están viviendo. Esto quizá suene exagerado, pero voltea alrededor. ¿Cuánta energía tienen después de trabajar la mayoría de los psicólogos, los trabajadores sociales, maestros, madres, padres, etc? ¿Cuánto tiempo están usando las personas para salvar a los otros y para que las otras personas se sientan mejor?

¿Cuánto tiempo usas para hacer que las otras personas se sientan mejor? Ve a través de tu vida y percibe cuánto de tu tiempo es usado para ayudar a otros.

Ni siquiera estaba consciente de cuánta energía me costaba mi trabajo. Sí, usé la palabra "costo" a propósito. No

solamente pagamos en dinero, también pagamos con nuestro tiempo, con energía y con nosotros mismos. Después de
tan solo un año empecé a considerar una profesión diferente. No estaba dispuesta a comprometer mi vida a sólo trabajar duro y dormir. ¡De ninguna manera! Los resultados que
estaba obteniendo con la forma tradicional de hacer terapia
no eran suficiente buenos para mí para seguir trabajando
de la forma en la que lo hacía. Lo que podía facilitar a mis
clientes no era lo que yo sabía que era posible.

¡Esto tenía que cambiar! Esa fue mi demanda. Incluso
habiendo estudiado muchos años para ser psicóloga, estaba
dispuesta a dejarlo ir y buscar una profesión completamente diferente si el trabajo y la forma en la que se presentaba
no cambiaba.

En ese tiempo me di cuenta de que una educación cambiaría las cosas para mi. Algún tipo de curso o de taller sería
el punto de inicio de algo nuevo. No sabía qué tipo de curso
o cuándo se presentaría. Solamente sabía que así sería. El
saber era fuerte.

Por favor no te diviertas mucho leyendo este libro. La
diversión es mala. Es inmoral y hace la vida demasiado
fácil. Especialmente siendo psicóloga y trabajando con
terapia una debe ser muy seria, si no, te juzgarán y te pon-
drán en la cruz de no ser científica y basarte en la experiencia. Tenemos que ser "profesionales". Ser profesional
quiere decir excluir la diversión. El cambio más grande
ocurrió con mis clientes cuando se empezaron a permitir a
sí mismos divertirse.

Ah, para satisfacer a mi cerebro, que durante una larga
parte de mi vida, fue mi recurso más grande. Mi cerebro y
yo éramos los mejores amigos; hacíamos todo juntos, íba-

mos a todos lados, resolvíamos cualquier problema…. ¡ay!, fue la mejor época.

Así que era un "cerebropie." "¿Qué es un cerebropie?" Ya sabes, cuando los niños empiezan a dibujar personas, los dibujan con una cabeza grande y pequeños pies pegados al cerebro. No es que dibujen así porque tengan una capacidad limitada para dibujar a esa edad. De hecho, están brillantemente conscientes de cómo eligen funcionar las personas en esta realidad. Saben que este es un mundo de sólo cerebro. Deja tu cuerpo atrás, lleva a tu cerebro y vamos adelante. Le llamo a esa forma de funcionar cerebropie; cerebro con pies. (Bienvenido a mi extraño sentido del humor.)

Ok, de regreso a lo que decía. Para satisfacer a mi hiperactivo cerebro, constantemente buscaba talleres y entrenamientos. Mi cerebro demandaba que hiciera algo, ya que el confiar y ser y permitir que se presentara no era suficiente para mi querido cerebro. Tenía que tener el control. (Por cierto ¿qué sabes tú acerca de ser un controlador compulsivo?).

Mi búsqueda diligente no era provechosa. Después, un taller de Access Consciousness se presentó en el momento y de la forma en que menos esperaba. No tenía idea de lo que se trataba pero fui, sabiendo que de alguna forma cambiaría mi vida.

El taller duró cinco días y me llevó a asistir a otras clases y talleres de Access Consciousness; Suecia, Inglaterra, Costa Rica y Australia. El resultado: sentí que tenía una vida totalmente diferente, una realidad diferente y una maleta llena de herramientas para facilitar para mí y para el mundo.

Mi relación cambió. Vendí mi casa y me mudé fuera de la ciudad. Cambié mi forma de trabajar y más que nada, tenía una claridad de mi y de lo que verdaderamente soy capaz que nunca pensé que fuera posible.

Ahora estoy creando un paradigma diferente con la psicología y la terapia, con lo que sé y con las herramientas revolucionarias de Access Consciousness. Le llamo "Psicología Pragmática."

CAPÍTULO DOS

PSICOLOGÍA PRAGMÁTICA

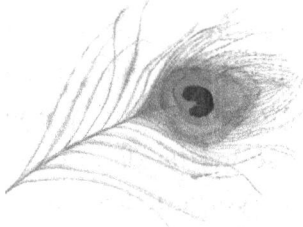

¿A qué me refiero con "Psicología pragmática"? Es el nombre que uso para las técnicas, información y perspectivas que facilitan el salir de ser la víctima y ser el resultado de tu pasado, de otras personas o de tu condicionamiento. Estas herramientas te empoderan a saber que tienes elección; usarlas te abre la puerta para que crees tu vida y que vivas en la forma en que realmente deseas. Psicología pragmática reconoce tus capacidades, quién eres y lo que sabes. Es acerca de sacar todo lo que no te permite ser tú mismo. Psicología pragmática es aplicar las herramientas de Access Consciousness a la terapia psicológica para crear una perspectiva diferente de la locura, los diagnósticos y una posibilidad más grandiosa para el cambio.

Esta no es otra teoría o concepto que te dice cómo tendrías que vivir tu vida. No es una receta de cómo arreglar tu vida. Tampoco es una modalidad que te dice qué está bien y qué está mal. No es para que te adaptes más a esta realidad. La mayoría de las modalidades y teorías están diseñadas para conseguir todo eso, son una forma de explicar y hacer entendible lo que está pasando en el mundo como un intento por encontrar una solución al sufrimiento y el dolor. ¿Cuántas de estas modalidades has intentado? ¿Han funcionado para ti?

He estudiado y usado muchas modalidades y nunca me dieron un sentido de paz y facilidad. Nunca me dieron un sentido de mi y no reconocen lo que yo sé que es posible más allá de lo que se me ha dado como realidad. Lo que encontré es que la mayoría de las modalidades son creadas para arreglar un problema, lo que quiere decir es que las personas que usan estas modalidades suponen que hay un problema.

Los clientes suponen también esto. Cuando me reúno con ellos todos los días, me dicen por todo lo que pasaron, todo el abuso y lo equivocados que están y eso trae lágrimas a mis ojos. Veo su genialidad, sus capacidades, su magnificencia y la diferencia que son que aún no han reconocido, lo cuál es su capacidad para cambiar el mundo.

Siempre he sabido que había una forma diferente de facilitar el cambio que es posible. Creé Psicología pragmática para que las personas puedan empezar a reconocer lo que en verdad son y que empiecen a encender la luz de la consciencia.

Psicología pragmática provee las herramientas, la información y la expansión de tu consciencia que te permite saber lo que sabes, recibir todo sin juicio, y cambiar todo lo que desees cambiar.

La psicología solía ser el arte del saber. Después se convirtió en el estudio del comportamiento y del pensar. ¿Qué tal que pudiéramos crear una psicología como el empoderamiento para que tú sepas lo que sabes?

La Psicología pragmática lleva a la psicología fuera de la polaridad de esta realidad, en donde todo es acerca de lo bueno y lo malo, lo correcto y lo incorrecto, hacer lo correcto, tomar la decisión correcta, ganar y no perder. La psicología en el sentido tradicional es acerca de adaptarse y encajar en esta realidad tan bien como sea posible. Plantea los lineamientos de lo que es sano e insano. Establece que tener un problema psicológico es correcto y "normal."

La mayoría del tiempo la psicología ni siquiera cuestiona que realmente tengas un problema. En lugar de ello, se busca lo que está mal, asumiendo que hay algo mal y porqué está mal y busca evidencia de que hay algo mal.

Por otro lado, Psicología Pragmática te invita a la pregunta, de tener una elección, una posibilidad y te motiva a la contribución. Te invita a un lugar en donde sales de lo incorrecto de ti y a donde sabes que tienes elección, y en donde contribuyes a la creación de lo que realmente deseas. Al hacer preguntas te mueves más allá de la respuesta y la conclusión y hacia la consciencia de lo que realmente es posible para ti.

Los problemas y las dificultades son creados solo cuando no estamos dispuestos a estar conscientes y cuando no estamos dispuestos a ver lo que es. Cada vez que disminuimos nuestra consciencia y no estamos dispuestos a ser conscientes, creamos problemas. Es como cuando quieres vestirte en la obscuridad. Puedes descubrir que lo que estás usando cuando hay luz, no sea lo que estabas esperando.

Muchas veces lo que realmente está pasando para las personas es demasiado raro para esta realidad, lo que hace que la mayoría de las personas se queden en el rango de la normalidad en donde encuentras un tipo de respuesta al por qué un problema no se puede cambiar, o solo se concluye que la persona está demasiado enferma para ser curada.

Ejemplos de esto son la esquizofrenia o el autismo. Muchos expertos realmente no saben, o ni siquiera quieren saber lo que realmente está pasando con las personas que tienen estos diagnósticos porque lo que realmente está pasando va más allá de la "normalidad" de esta realidad. He conocido a pacientes con psicosis y esquizofrenia y cuando vimos lo que realmente estaba pasando, a pesar de que no encajaba en ninguna explicación de un modelo de psicología, cambió sus vidas y ya no tuvieron que encajar en el diagnóstico estándar.

Para saber lo que es, es consciencia. Es prender la luz para ver lo que es. Cuando prendes la luz, ves todo. Ya no tienes que pisar vidrios rotos en el piso de tu vida. En lugar de ello puedes ver donde hay césped en el que es nutritivo caminar. Para expandir tu consciencia acerca de lo que realmente está pasando, se requiere hacer preguntas y no llegar a ninguna conclusión y confiar en tu saber. Es como si fueras un detective. Lo que encuentras está mucho más allá de lo que esta realidad considera posible.

La psicología se supone que era una herramienta para liberarte del ego, pero esa es una descripción incorrecta de lo que es. ¿El ego es real o es una creación? El ego es un concepto que es creado por la mente. Las personas están tratando de liberarse de algo que es una invención. Como cualquier otro problema. Así que las personas están tratando de liberarse de su mente, usando la mente, exactamente lo que está causa el problema. ¿Qué tan bien está funcionando eso? ¿De cuántas cosas que ni siquiera son reales estás tratando de liberarte cuando lo único que estás haciendo es cavar más profundo en el abismo de tu propia invención?

¿Qué tal que la psicología pudiera ser acerca de ser tan consciente como en verdad eres? La consciencia es muy pragmática.

Te da la información que requieres para crear lo que realmente deseas.

"La consciencia lo incluye todo y no juzga nada."

Gary M. Douglas

Psicología pragmática es acerca de hacer preguntas para descubrir lo que es, en lugar de lo que la mente *piensa* que está pasando. Es acerca de descubrir quién eres, de qué eres capaz y qué es lo que es realmente posible para ti.

La consciencia desatora el trauma y drama de la vida.

¿Es ahora el momento de que vayas de lo dramático a lo pragmático?

¿Te viene bien esta aventura?

Capítulo tres

EL CAMBIO PUEDE SER FÁCIL Y RÁPIDO, NO SOLO PARA LOS AMERICANOS

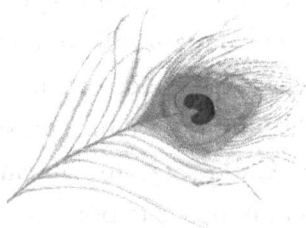

Al crecer aprendemos que el cambio requiere de tiempo y trabajo arduo. Fácil y rápido no es posible; se supone que tiene que ser una fantasía. Los europeos dicen que fácil y rápido es "tan americano", lo cual es un juicio que muchos europeos tienen de que los americanos hacen todo rápido y fácil, como la comida rápida.

La mayoría de las personas tienen orgullo en trabajar duro por algo, si es fácil y rápido entonces no es real, no es valioso y solo superficial. Especialmente como psicólogo aprendes acerca de todas las formas en que puedes crear cambio en las personas y cómo se hace y que definitivamente toma tiempo y esfuerzo.

El punto de vista principal de la psicología es que necesitamos hacer las cosas mejor para las personas. La meta es que las personas se sientan mejor y que superen sus problemas y que ellos encajen y que sean miembros funcionales de la sociedad. Hay cierto estándar para lo que está bien y para lo que está mal. Lo que es sano y lo que es insano. Tener estándares es mantener el estatus quo, lo cual quiere decir dejar las cosas como siempre han sido. Esto es lo que mantiene al mundo en el mismo círculo una y otra vez sin crear nada diferente. Es cambiar las cosas, pero no es crear algo diferente. Es acerca de sobrevivir, no de prosperar.

Igual, igual pero diferente. Empezando a usar tu GPS[1]

Durante mi educación aprendí que cuando trabajaba con un cliente debía conceptualizar cuál era el problema, encontrar lo que está mal, encontrar la causa del problema y después ayudar al cliente a cambiar su forma de pensar y de comportarse. Cada vez que hacía eso, mis clientes encontraban todavía más cosas por las cuáles estaban equivocados y por qué estaban equivocados. Nunca paraba. Es como un dragón al que le cortas la cabeza y le salían diez cabezas más. Nunca cambió nada. Mis clientes y yo simplemente nos sentíamos peor y peor y nos sentíamos como unos fracasados y no llegábamos a ningún lado. Estábamos atrapados en la matriz de esta realidad, haciendo todas las locuras reales y haciéndolas más reales al tratar de entenderlas. Nunca creó nada diferente. Simplemente mantuvo los mismos problemas.

Crear algo diferente no se trata de ver lo que está mal contigo y profundizar en lo "incorrecto" y tratar de encontrar la causa de tus problemas. ¿Cuántas veces ha funcionado eso para ti y realmente creó algo más grandioso para ti y para tu vida? ¿O simplemente te has sentido aún más incorrecto y pesado?

---

1   Nota del T. GPS: Sistema de navegación personal por sus siglas en inglés.

Cuando ves lo que está mal y lo tratas de arreglar, eso requiere que te juzgues a ti y a la situación como si eso fuera lo que se requiere para salir de ahí. Los juicios crean más juicios y todo lo que haces es profundizar más y entrar más en el juicio. Las personas piensan que esa es la forma de crear. No, el juicio mantiene los mismos viejos problemas.

Por ejemplo, estando en una relación, las personas juzgan si su pareja hizo lo que se esperaba de ella para poder llegar a una conclusión de si la relación es buena o mala. "¿Me trajeron flores esta semana? ¿Bajaron la tapa del sanitario?" Juzgan a sus hijos respecto a si se están portando como se supone que tienen que hacerlo. Las personas piensan que juzgar es la forma en que pueden asegurarse que las cosas sean de la forma en que ellos quieren que sea. Excepto que nunca funciona. Todo lo que hace es crear frustración.

Con conclusiones y juicios de que hay algo incorrecto, no puede entrar nada más grandioso en nuestra consciencia sólo lo que es igual a lo incorrecto que has decidido que es real.

Para invitarte a algo diferente pregúntate:

¿Qué está bien de mí que no estoy viendo?

Esta pregunta te sacará del piloto automático de lo incorrecto y empezará a abrir puertas para que te recibas a ti mismo.

Muchas veces he conocido a clientes que han empezado a reconocer la grandeza de sí mismos en nuestras sesiones y después tuvieron una cita con el doctor y se sintieron mal de sí mismos de nuevo. ¿Por qué? Porque el doctor los estaba viendo a través de los ojos de "aquí tenemos a alguien que tiene un problema" y el enfoque está en la suposición de que hay algo incorrecto.

Lo que sacaron de eso fue más cosas incorrectas porque creyeron que el doctor estaba en lo correcto. Cuando les pido que reciban el regalo de eso, tomaron consciencia de que el doctor dice no es nada salvo su punto de vista y eso no es real. Encontraron que nadie, ningún doctor ni otro experto, sabe más que lo que ellos mismos saben respecto a lo que está pasando. Aprendieron a confiar en sí mismos. Eso es exactamente lo que empieza a abrir las puertas a algo más grandioso. Salir del juicio y empezar a confiar en tu consciencia.

Tu consciencia es una de las cosas más valiosas que tenemos. Te dice aquello que hará tu vida más fácil y grandiosa. Es el GPS – el Sistema Global de Posibilidad (por sus siglas en inglés) – que quizá aún no has empezado a usar. Es tan fácil. Empieza a confiar que "lo que es ligero está bien" y muévete en esa dirección a la calle de la facilidad. Cuando las cosas se hagan pesadas y oscuras sabes que tienes que cambiar la dirección hacia algo que es ligero. ¡Prende tu GPS!

Este es un paradigma totalmente diferente de cambio y de ser en el mundo. Así que date un tiempo para abrirte a esa nueva forma de ser. No hay muchas personas a tu alrededor que sepan esto aún. Las personas alrededor de ti hacen de los problemas, los juicios, pensamientos y sentimientos reales y relevantes. ¿Qué tal que no lo fueran?

Tú no eres tus problemas, tus pensamientos o tus sentimientos. Eres mucho más. No tienes que entender por qué tienes problemas o qué los causa. "¿Qué?" podrías decir. Sí. Tú sabes que es posible. ¿Y qué es eso? Es tu elección ya no hacer real los puntos de vista y juicios de los otros, para descubrir lo que es real para ti. ¿Cómo? Eso es lo que te voy a decir.

Dejar ir lo significativo del drama y el trauma te permite ser lo que en verdad eres y actualizar lo que realmente te gustaría crear en tu mundo de forma más sencilla y rápida de lo que puedes imaginar. A la mayoría de las personas les encanta el drama y el trauma. Es la telenovela que hace que sus vidas sean interesantes. La mayoría de las personas preferirían mantener su drama y trauma que ser libres.

Al permitirte ser libre puedes ser tú. Lo que escucho a los clientes decir es "Mi vida cambió tanto. Ya no estoy al efecto de los juicios de otras personas y de la forma en que se supone que las cosas tendrían que ser. Tengo una sensación de paz y gozo en mi mundo y eso es increíble. Salgo al mundo y recibo todo y permito todo, lo bueno y lo malo, a que me contribuyan, a mi cuerpo y mi vida."

¿Sabías que incluso cuando las personas están molestas contigo pueden ser una contribución para ti? ¿Cómo? Si bajas tus barreras, recibes lo que tienen que decir, permites que pase a través de ti y no tienes ningún punto de vista de si te pueden lastimar o afectar. Las personas que están enojadas entregan mucha energía. Si no ves eso como algo malo puedes recibir la energía como revitalizante, solamente al bajar tus barreras. Pruébalo. Es divertido. Y si tienes ese punto de vista, no se quedan enojados por mucho tiempo.

Sí, esto es nuevo y diferente. ¿Qué tal que no hubiera nada de malo con lo nuevo y diferente?

Incluso si nadie más que tú tiene esa perspectiva, si es ligero y expansivo para ti ¿porqué no lo elegirías? ¿sólo porque nadie que conozcas lo está haciendo? ¿estás dispuesto a ser el líder de tu vida? Lo peor que puede pasar es que empieces a estar feliz, y que seas la única persona feliz de la calle. O incluso peor, que tú seas la invitación para otros de esa posibilidad.

El baile de reacción trance

¿Cuánto de tu vida está basado en los puntos de vista de otras personas? que has decidido que no puedes ir más allá. En esta realidad hemos aprendido a reaccionar de ciertas formas en ciertas situaciones. Cuando pierdes a alguien tu reacción tiene que ser de tristeza. Cuando tu novio se reúne con su ex novia se supone que tienes que estar molesta. Cuando estás en tránsito pesado se supone que tienes que estar estresado o enojado. Hay ciertos mecanismos que hemos aprendido que son normales desde los cuales tenemos que funcionar. Es funcionar desde el piloto automático llamado esta realidad. La reacción nunca te da elección. Siempre estarás buscando la manera correcta de comportarte, de encajar y de ser normal.

El enojo, la tristeza, el miedo, el dolor... ¿son reales o son invenciones? Lo que las hace real es que las hagas reales porque todos los demás hacen lo mismo. ¿Alguna vez has estado en una situación extrema? Por ejemplo, pierdes a alguien que era muy cercano a ti y en el segundo en el que te lo comunican no tienes ninguna reacción. Después empiezas a pensar en la reacción adecuada, y entonces las computaciones se crean en una milésima de segundo y entras en los universos de otras personas para saber cuál es lo correcto en esa situación y cuál es la forma correcta de reaccionar.

Hace unas semanas se murió mi gato. Lo quería mucho, mucho y estuvo conmigo por muchos años. Cuando murió no tuve ninguna reacción. Estaba en paz total. No había tristeza, no había sentimientos, no había emociones.

Después de un par de minutos mi cerebro trató de computar toda la situación y trató de hacer lo que era correcto, lo cual era estar triste y llorar. Así que lloré un rato y después pregunté "¿Qué es esto que llamo tristeza? ¿Es realmente tristeza o algo más?" Ya que "algo más" hizo que mi cuerpo y yo nos relajáramos, sabía que estaba en el camino correcto. Las cosas se empezaron a aligerar inmediatamente y estaba en paz de nuevo y empecé a reír. Sabía que había mal aplicado como tristeza el gozo y gratitud que tenía por mi gato. ¿Cómo fui tan afortunada de haber tenido tantos momentos maravillosos con él?

La muerte de mi gato se supone que era algo que me habría tenido que haber causado tristeza y pesar. Esa hubiera sido la reacción "correcta." Estar triste hubiera probado cuánto quería a mi gato. No estar triste cuando alguien muere es juzgado como ser frío y que no te preocupan las cosas, o como una reacción que es suprimida y no es saludable, lo cual es otra forma de decir que es incorrecto.

¿Cuántas veces has oído "no tienes sentimientos" queriendo decir que eres frío y cruel? Los sentimientos son usados para comprobar que tenemos una conexión. Al descubrir lo que estaba verdaderamente pasando de que no estaba triste cuando mi gato murió, sino que estaba agradecida por él, reconocí la increíble conexión que teníamos mi gato y yo, y que no había necesidad de comprobar nada más con los sentimientos. Estaba totalmente consciente y estaba recibiendo la contribución que mi gato fue para mi y yo para él.

Los pensamientos, los sentimientos y las emociones son invenciones que las personas crean para hacerse a sí mismos "reales" y correctos en esta realidad, para encajar y demostrar que tienen cariño. ¿Qué tal que ya no tuvieras que hacerte "real" o que tuvieras que encajar o comprobar nada, sino simplemente saber que eres un regalo maravilloso? ¿Qué tal que probaras un diferente acercamiento?

Superando darle tu poder a algo o a alguien más

¿Sabes de esas voces que te dicen que tienes un problema y que nunca saldrá de él? Cada vez que tratas de hacer de tus problemas algo lógico y tratas de encontrar una razón para ellos, haces esas voces reales. Les das poder en lugar de apoderarte de ti mismo. Haces esas voces más fuertes y más valiosas que a ti mismo. Esas son solo voces y pensamientos y sentimientos ¿Cómo pueden ser remotamente más fuertes y más valiosos que tú? Hacer de todo eso algo más grande que tú mantiene el estatus quo de tu situación y no permite el cambio. Regalas tus capacidades y tu potencia para cambiar lo que está pasando. Te haces a ti mismo el efecto de todo lo que estás haciendo real.

Todos esos pensamientos en tu cabeza que te dicen que no eres suficiente, que eres malo, feo y que no sabes qué hacer, o a donde ir, o cómo resolver tus problemas, son invenciones de tu mente. Solamente son reales si tú los haces reales. ¿Cómo te puedes deshacer de ellos? ¡Aquí es donde el asunto se vuelve pragmático!

Para deshacerte de esas voces que te dicen qué tan terrible y equivocado estás, puedes decir este enunciado aproximadamente diez veces cada vez que un pensamiento como ese susurra en tu oído. Sólo di:

Regresa de donde una vez viniste, para nunca volver a mí o a esta realidad.

Lo que haces con ese enunciado es que envías lejos a esas voces que te hacen sentir mal, débil y patético y te dices a ti mismo que no tienes elección. Te hace tomar las riendas de tu vida y demandar que todo lo que te limita, se vaya.

Sé que suena un poco raro pero realmente funciona. (Por cierto. ¿Sabes qué quiere decir la palabra "raro"? Quiere decir "de espíritu, fe y destino." ¿Ahora suena divertido ser raro?)

Las personas que piensan que tienen problemas se ponen a sí mismos en el asiento del copiloto de sus propias vidas. Demandar el cambio te hace tomar acción para crear lo que realmente deseas. El enunciado que compartí arriba está diseñado para enviar todo lo que te dice que eres una víctima, que no tienes elección y que tu lugar es el asiento del copiloto, a que no tomen el control sobre tu vida.

Pruébalo ¿qué tienes que perder? ¡Hazlo ahora! Usa ese enunciado y díselo a lo que sea que susurre en tu oído que eres débil, que no tienes oportunidad, que nunca serás capaz de hacer lo que realmente deseas y que decir este enunciado no ayudará.

¿Qué tal que eres mucho más poderoso de lo que nunca has reconocido antes? ¿Te hace sentir más ligero? ¡Lo que es ligero es verdad para ti!

¿A quién o qué haz hecho más poderoso que a ti mismo?

Trabajé con un joven que tenía síndrome de hiperactividad y obsesivo compulsivo que estaba tomando medicamento cuando lo conocí. Él dijo que su doctor le había dicho que requería de medicamento para funcionar, de otra forma su "enfermedad" tomaría el control y dominaría su vida. Lo escuché y le pregunté si ese era también su punto de vista. Le pregunté qué era lo que él sabía. Una semana después regresó sonriendo con los ojos brillando y dijo que había tirado sus pastillas.

"¿Cómo pueden ser más poderosas esas pequeñas cosas? me dijo. "Qué mierda me había comprado del doctor de que las necesitaba." No ha tomado más medicamento desde entonces y no tiene problemas con sus síndromes. Él estaba dispuesto a recibir una perspectiva diferente y las herramientas para utilizar su síndrome de hiperactividad y obsesivo compulsivo para su ventaja.

Esto no es para decirte que tendrías que tirar a la basura todas tus medicinas. Es una invitación a que hagas preguntas.

¿Qué es lo que tú sabes?

¿Qué es lo que sabe tu cuerpo?

"Cuerpo ¿Realmente requieres esas pastillas?"

Muchas personas nunca le preguntan a sus cuerpos qué es lo que realmente requieren. Piensan que el doctor sabe más que ellos, así que toman medicamentos. El doctor prescribe una medicina basado en información general de cómo funciona la medicina, no tanto dependiendo de cómo funciona tu cuerpo. Tu cuerpo sabe lo que requiere. Es su propio experto. Puedes usar una prueba muscular para darte cuenta de lo que requiere tu cuerpo.

Así es como haces la prueba muscular: párate derecho con tus pies juntos y pon los medicamentos frente a tu plexo solar y pregúntale a tu cuerpo si requiere las pastillas. Si el cuerpo se mueve hacia enfrente, es que sí. Si se aleja de las pastillas, es decir hacia atrás, es que no Si te vas hacia los lados necesitas hacer preguntas más específicas. "Cuerpo: ¿requieres la mitad de la pastilla ahora? ¿requieres una pastilla ahora? ¿la requieres después? ¿quieres tener a pastilla al lado de la cama mientras dormimos?" Sigue haciendo preguntas hasta que recibas la consciencia de lo que requiere tu cuerpo. Entre más preguntas, más fácilmente te darás cuenta. ¡Juega con ello! Puedes hacer lo mismo con la comida y la bebida.

Confía en lo que sabes

No es que te falte confianza, lo que te hace falta es confiar en lo que sabes. Tú eres la única persona que sabe lo que es verdad para ti. Una vez que empieces a reconocer y confiar en eso, no tendrás más problemas.

Esto es todo lo que se requiere. Empieza hoy. Elige lo que les haga relajarse a ti y a tu cuerpo, lo que te hace sentir ligero, lo que sabes que es lo correcto y es expansivo para tu mundo, y hónrate lo suficiente para elegirlo aunque las personas a tu alrededor no estén de acuerdo. ¿Qué estás esperando? ¿No has hecho los puntos de vista de otras personas más valiosos que lo que tú sabes el tiempo suficiente? ¿Qué puedes elegir inmediatamente, justo ahora que expanda tu realidad? Una caminata, una rica comida, llamarle a una persona por la que tienes cariño, jugar con un perro, mimar a un gato, dejar ir lo incorrecto de ti, y mantenerte en la determinación de que tu vida va a cambiar sin importar qué.

¿Qué es lo que te da el sentido de ti en esta realidad? Escríbelo en una lista y haz algo de eso cada día. ¿Qué tal si tú fueras la prioridad número uno en tu vida?

Hay muchas personas que dicen que desean una vida mejor y que quisieran superar sus problemas excepto que muchos de ellos mienten. No tienen ningún interés en superar nada. De hecho, disfrutan su sufrimiento. Me tomó un tiempo darme cuenta de ello. Tenía la ilusión que una vez que alguien me decía que quería cambiar, realmente tenían la intención. Oh cielos, estaba realmente equivocada. Me tuve que dar cuenta por el camino difícil que tenía que hacer una pregunta antes de iniciar cada sesión. "Verdad ¿esta persona realmente desea cambiar?" "Verdad ¿está interesada en recibir una posibilidad diferente?" Digo "verdad" antes de cada pregunta porque me permite saber si persona está mintiendo o no.

Renunciar a tu "locura", que es lo que las personas usan para definir y limitarse a sí mismos requiere de mucho valor. Muchas personas prefieren mantener su "locura" ya que los hace sentir conectados a esta realidad. Estar "loco" te mantiene dentro del espectro de la normalidad. Dejarlo ir te permite estar por completo fuera de la escala, de ser el descarriado o "fenómeno" total que en verdad eres, que está fuera de los confines del estatus quo.

Problemas: es simplemente una cuestión de elección

Hacer la pregunta respecto de si mis clientes realmente querían tener una vida más grandiosa me permitió ver que muchas personas disfrutan tener sus problemas y mantener su "locura". Les funciona. Es lo que piensan que son y la forma en que hacen que sus vidas funcionen. Son funcionales con su depresión y ansiedades. Una vez que ya no tuve juicios al respecto y no forzaba el cambio en mis clientes, mi trabajo se volvió mucho más sencillo y mis clientes tenían la elección de cambiar, o no.

Muchos de mis clientes se dieron cuenta del hecho de que no tenían deseos de superar su depresión. Se permitieron a sí mismos darse cuenta de ello y aprendieron a no juzgar su elección. Eso creó una posibilidad diferente; plantó una semilla que pudo crecer a una posibilidad más grandiosa, cuando lo elegían. Tomar consciencia de la elección de no cambiar y estar deprimido es un regalo grandioso. No hay nada de malo en ello. Es sólo una elección. Pregúntate a ti mismo:

Verdad ¿realmente deseo superar mis problemas?

¿De qué te hiciste consciente al hacer esta pregunta? Usemos esa toma de consciencia y haz más preguntas.

Si tomaste consciencia de que hasta ahora realmente no deseabas cambiar tus problemas, pregunta:

¿Cuál es el valor de aferrarme a mis problemas?

¿Es asegurarte que hay gente a tu alrededor que te apoye? ¿Asegurarte que tendrás algo que hacer? ¿Asegurarte que no serás más de lo que decidiste que podías ser? ¿limitar tu consciencia para no recibir más de lo que sabes y de lo que realmente eres capaz? ¿para que no te sientas tan diferente? ¿para que tu vida no se vuelva demasiado sencilla? ¿para asegurarte que no seas demasiado potente?

¿Qué es para ti? Lo que sea que te haga sonreír o reír, lo que haga que tu cuerpo se relaje, o haga que tu mundo se ilumine, es una pista de lo que es verdad para ti.

Una vez que te des cuenta de que hay algo que valoras de mantener los problemas, puedes voltearlos a ver sin tener ningún punto de vista y sin juicio. ¡Qué tal que no hubiera nada de malo en descubrir que mantener tus problemas tiene valor para ti! Y quizá puedes empezar a reírte del hecho de que los hiciste más valiosos que ser tú. ¿No somos chistosos? Hacemos toda esa mierda más real de lo que en verdad somos. Nuestra especie no es la más brillante y sin embargo pensamos que somos tan inteligentes.

Pedir un cambio

Cuando las personas piden un cambio personal, usualmente piden cambiar algo que consideran negativo. Algo está "mal" y piden algo "bueno." Así que van de la polaridad de lo malo, a la otra polaridad de lo bueno. Los dos tienen una carga. Una tiene una carga negativa y la otra tiene una carga positiva. El asunto es que la mayoría de las personas no ven que van de un extremo del polo al otro como un péndulo, de enfrente hacia atrás, excepto que no se crea nada diferente.

En lugar de pedir un cambio, pide que lo que no funcione en tu vida se disipe para que algo diferente pueda presentarse. Las personas usualmente piden algo positivo cuando se sienten mal. Esto es mantenerse a sí mismos en la polaridad, lo cual nunca crea nada diferente. Quizá te mantengas en el polo positivo por un tiempo y te sientas bien y siempre tendrás "miedo" de regresar a lo negativo, como si no tuvieras ningún control al respecto. ¿Alguna vez has tenido esta voz quejosa cuando finalmente te sientes bien y te dice que no durará lo suficiente? Esto es exactamente lo que pasa cuando te mantienes en la polaridad de lo bueno y lo malo. Es como jugar tenis de ida y vuelta. ¿Qué tal que tú fueras ese espacio libre donde algo totalmente nuevo puede entrar a tu mundo? Si, es posible. Simplemente sigue leyendo.

La magia de las preguntas. ¿Quieres algo de cambio ahora?

Aquí tienes preguntas que puedes hacer para crear una vida más grandiosa: "¿Qué más es posible que pueda generar y crear una realidad totalmente diferente para mi? ¿Cómo puede mejorar esto? Puedes hacer estas preguntas cada que estés buscando algo más grandioso. Cuando acabas de encontrar diez dólares en el pavimento puedes preguntar "¿cómo puede mejorar esto?" Cuando pelees con un amigo puedes preguntar "¿cómo puede mejorar esto?"

Cada vez que haces preguntas, estás creando más en lugar de renunciar.

Con una pregunta abres la puerta para que el universo entero te contribuya, de forma más grandiosa y más allá de lo que puedes imaginar. Las preguntas son el amuleto de la suerte que te saca de lo que no funciona, que son todas las conclusiones y juicios de lo que sí funciona. Cada conclusión es donde has decidido que hay un problema, cuando continúas caminando en el mismo camino, nada cambiará.

Por ejemplo si dices que tienes problemas de dinero y que no tienes dinero, creaste una conclusión, una respuesta que te dice que tienes problemas de dinero. Es como caminar por el mundo con cortinas y lo único que puedes ver es hacia el frente del camino que se llama Calle de Problemas.

Tengo una amiga que me dijo que tenía problemas de dinero y casi no podía pagar el alquiler. Ella estaba muy preocupada. No tener nada de dinero había sido una respuesta con la que había estado viviendo desde hace mucho tiempo. Le pregunté ¿qué más es posible para ti ahora, que puedes ser o hacer diferente para cambiar esto?" Ella dijo "es chistoso, cuando haces esa pregunta me siento más ligera y sé que hay algo aunque no pueda poner palabras para definir qué es."

Al día siguiente me comentó que había seguido haciendo la pregunta y de pronto recordó que había un viejo reclamo de seguros el cual había olvidado y del cual no había recibido dinero de regreso.

Habló a la aseguradora y descubrió que ya era momento de recibir el dinero, que era una gran cantidad.

Hacer preguntas te permite saber lo que no sabes cuando estás atrapado por una conclusión o juicio de que algo está mal.

Cuando decides que algo o alguien es perfecto, eso también es un juicio y la respuesta te atrapa. Es la respuesta que te impide que tengas acceso a más. Las personas dicen "este el el hombre perfecto, este es el trabajo perfecto..." Cuando tienes ese punto de vista, no recibirás la información cuando esa persona no sea tan perfecta y cuando estar con ellos haga tu vida más pequeña. Te saca de la toma de consciencia y te convierte en la víctima de todo lo que no estás dispuesto a saber.

Las personas se preguntan por qué de pronto ya no se sienten tan bien de estar con la persona que solía ser tan perfecta. Preguntar cada día "¿Qué es posible hoy con esta persona, trabajo... que expanda mi vida?" te dará la información que requieres para crear lo que realmente deseas.

¡Haz preguntas! Superar las enfermedades mentales y descubrir lo que es verdad

Todo lo que tienes que hacer es pedir y recibir. En cuanto ya no hagas tus problemas, pensamientos y sentimientos relevantes y significativos y empieces a hacer preguntas, puedes recibir lo que realmente es posible.

Así que te pregunto: ¿Son la tristeza, la depresión y la ansiedad reales, o son invenciones que crean las personas? Solo porque las sientes no es que sean reales. Las personas piensan que lo que sienten es real. Tú no eres tus sentimientos. Los sentimientos son como el clima. ¿Un árbol se confundiría con la lluvia? No, sabe que es lluvia y es algo que cambia y que pasará.

¿Estarías dispuesto a dejar ir la idea de que todo lo que sientes automáticamente tiene que ser real? Decir "¡me siento mal o deprimido!" es una declaración que te atora en malos sentimientos y la depresión. Nada que no sea igual a ese enunciado puede entrar a tu universo. Es como la pared que mantiene afuera las posibilidades que podrían cambiar fácilmente la situación completa por algo diferente. Ya decidiste que estás triste. ¿Esa respuesta te hace sentir más ligero? Qué tal si hicieras preguntas como:

¿Qué es esto?

¿Qué hago con esto?

¿Lo puedo cambiar?

¿Cómo lo puedo cambiar?

Al decidir que estás deprimido, estás comprando una mentira. Una mentira es una mentira y no puede ser cambiada. Las preguntas anteriores pueden cambiar tu vida entera. ¿Estás dispuesto?

Hacer esas preguntas abre la puerta a que te des cuenta de lo que estás consciente en lugar de comprarte la respuesta de que hay algo mal. Cuando haces esas preguntas no estás buscando una respuesta. Es el ejemplo de la mujer del dinero que preguntó y se volvió consciente de que había una posibilidad diferente, a pesar de que no pudiera ponerle palabras a lo que era. Obtuvo la información de lo que era, después. Así que pregunta y percibe el susurro de la posibilidad que te hace sentir ligero y permite que se presente, cuando se presente, cuando sea el momento.

¿Estás dispuesto a tener una perspectiva diferente y empezar a hacer una pregunta cuando te "sientas" triste, deprimido o cualquier otra cosa que sea pesado? ¿Estás dispuesto a renunciar a todas tus conclusiones y respuestas acerca de qué tan mal, equivocado y triste estás y preguntarte de qué estás consciente que nunca antes habías reconocido?

¿Cuánto de tu tristeza, depresión y miedo están cubriendo la potencia que en verdad eres? ¿Cuánto de tus capacidades y potencia para cambiar estás escondiendo debajo de las mentiras que te has comprado de ti? ¿Tu universo se aligera cuando lees esto? Quizá quieras ver esto y preguntarte a ti mismo qué es verdad para ti.

Tengo un amigo que sufrió de migrañas por diez años. El había probado todos los métodos conocidos por la humanidad para cambiar las migrañas y nada había funcionado. Me había mencionado sus migrañas muchas veces y un día hizo una pregunta al respecto. Antes de ello me había contado la historia de lo terrible que era vivir con dolores de cabeza tan dolorosos.

El día que hizo una pregunta, por primera vez se hizo consciente de una posibilidad de cambio en su universo. Demandó algo diferente y la pregunta que empezó a hacer fue lo que abrió la puerta. Preguntó "¿Qué es esto que llamo migraña? ¿Lo puedo cambiar?"

Le pregunté "Verdad ¿realmente deseas cambiar esto?" Me vió y me dijo "Claro que quiero, esto es tan doloroso, que casi quería matarme porque ya no podía aguantar el dolor. He intentado todo y nada funciona." Yo le dije "Sí, esa es la respuesta lógica. En lugar de decirme lo que piensas, dime ¿qué es lo que sabes? Verdad ¿realmente deseas superar las migrañas? Me volteó a ver y me dijo "no" y empezó a sonreír y su cuerpo se relajó.

Estaba tan sorprendido por su toma de consciencia y sabía que era verdad y creó esta ligereza y facilidad en su mundo y en su cuerpo. Así que le pregunté "¿Qué son las migrañas? ¿Es esto que llamas migrañas una migraña o es algo más?" Algo lo hizo sentir más ligero. Así que le pregunté "¿Qué es?" Empezó a reír y le pregunté "¿En realidad son orgasmos lo que llamas migrañas? ¿Has aplicado e identificado mal el dolor con orgasmo y el orgasmo con dolor?" Me vio con ojos muy grandes y empezó a reír y reír y reír. Podía percibir cómo su mundo entero había cambiado. Se volvió consciente de lo que era verdad. La consciencia te hace sentir ligero.

La respuesta no fue en un nivel cognitivo o una interpretación o un análisis. Fue un reconocimiento de lo que en realidad estaba pasando y lo que era verdad para él. Lo saqué de ser una víctima a estar empoderado por lo que él sabía. Estaba basado en lo que creó más ligereza en su mundo y su cuerpo.

Se dio cuenta de cuánto gozo estaba suprimiendo y bloqueando en su cuerpo como dolor y sufrimiento. Recordó cuando las migrañas empezaron, que fue cuando su familia recibió un permiso de residencia en Suecia después de haber esperado por mucho tiempo. Se volvió consciente que había intentado ser como los suecos y encajar, controlándose para no ser demasiado, y de cuánto había cortado y suprimido para no ser lo gozoso y orgásmico que en verdad es.

Cuánta intensidad de ti, de ser y de vivir estás escondiendo debajo de la depresión, la tristeza, el enojo, el miedo, el dolor o lo que sea que digas que no puedes cambiar como los problemas de dinero, o los problemas con relaciones y tu cuerpo. ¿Qué tal que pudieras descubrir las posibilidades debajo de las mentiras que te has estado comprando acerca de ti y usar tus capacidades para ti y para la creación de tu realidad?

¿Y qué tal que fuera más fácil de lo que pudieras imaginar?

Aquí viene. Aquí vienes *tú*.

Capítulo Cuatro

El Enunciado Aclarador: Siendo Harry Potter

¿**L**isto para cosas más raras? Aquí viene tu varita mágica. Te dije que el cambio podía ser fácil y rápido. Se llama el enunciado aclarador de Access Consciousness:

"Acertado y equivocado, bueno y malo, POD y POC, todos los nueve, cortos, chicos y más allás."

El enunciado aclarador está diseñado para regresar al punto donde creaste limitaciones que te impiden ir hacia adelante. Te permite eliminar, destruir y descrear las limitaciones para que tengas nuevas posibilidades disponibles. Rompe las paredes contra las que te golpeas diariamente, como si fuera la única elección que tienes; la pared que tú creaste que te impide ser tú. Cambia el pasado para que puedas tener un futuro más grandioso.

Cuando escuché el enunciado aclarador por primera vez, como psicóloga mi mente protestó alocadamente. ¿Había pasado seis años de estudiar diligentemente el comportamiento humano y ahora tenía este enunciado aclarador diciéndome que podía cambiar las cosas tan fácilmente? Estaba furiosa. Sin embargo sabía que cada vez que usaba el enunciado aclarador, las cosas cambiaban para mi. Así que después de un tiempo de estar protestando, le pedí a mi mente que se hiciera a un lado y simplemente lo usara. ¿Qué tenía que perder? ¿Mi mente? ¡Si! Y la libertad que se presenta es increíble.

Para descubrir más acerca de esta herramienta fenomenal, ve a www.theclearingstatement.com. La belleza es que no necesitas entenderlo o saber lo que quieren decir las palabras. Simplemente puedes usarlo y funciona.

El enunciado aclarador se encarga de todo lo que está más allá de lo que la mente lógica puede entender. Si todo fuera lógico entonces no habría problemas. Descubrí que hablar de cualquier problema, tratar de entenderlo, analizarlo, sólo te lleva hasta donde la mente puede ir, no más allá. Esto no disipa el problema. El enunciado aclarador te lleva más lejos y elimina todo lo que es creado por la mente, y todo lo demás que va más allá de los pensamientos y sentimientos que están en un nivel energético.

Cómo usar el enunciado aclarador

Haz una pregunta de un área en tu vida que quisieras cambiar. Por ejemplo, con la depresión podrías preguntar: ¿Cuál es el valor de estar deprimido? Quizá eso traiga algunas ideas acerca de cuál será el valor y también emerge una energía. La energía de cuál podría ser el valor, para ti, de estar deprimido. No estarías deprimido si no tuviera ningún valor para ti.

Date cuenta que esto no es lógico. Si lo fuera, ya habrías descubierto la solución y no tendrías problemas.

Hacer una pregunta te permite acceder a lo que mantiene las limitaciones en su lugar más allá de tu punto de vista lógico. El enunciado aclarador funciona en tus puntos de vista lógicos, y todo lo que no es lógico para disipar el problema.

Trabajé con una dama que se dio cuenta de que el valor de aferrarse a su depresión era para poder retener a su marido. La depresión era el pegamento de su matrimonio. Su punto de vista era "siempre y cuando esté deprimida, que sea una víctima, él tiene que cuidar de mi. Una vez que esté curada ya no le voy a gustar y él se va a ir. Ahora que estoy deprimida no me puede dejar porque se sentiría muy culpable." Ella no estaba consciente de ese punto de vista antes de que hiciera la pregunta. Ella pensaba que quería superar su depresión y se juzgaba por no poder hacerlo. Su depresión tenía un gran valor, del cuál se hizo consciente.

Este es un ejemplo de la locura que la mayoría de las personas usan para crear sus vidas. Todos esos puntos de vista que las personas ni siquiera saben que tienen y que están manejando sus vidas.

¿Qué puntos de vista tienes que están manejando tu vida y que te están manteniendo en constante limitación? Todo lo que eso es, todo lo que surge en tu universo, todo eso, las cosas con las que puedes nombrar con palabras y las cosas que surgen energéticamente que no puedes nombrar con palabras ¿te permites dejarlo ir y destruir y descrearlo? Lo único que tienes que hacer es decir "sí" si quieres dejar ir esas limitaciones. Y ahora usamos el enunciado aclarador para disipar, destruir y descrear esas limitaciones.

Acertado y equivocado, bueno y malo, POD y POC, todos los nueve, cortos, chicos y más allá.

El enunciado aclarador te recuerda de la potencia que eres y que tienes todo lo que se requiere para cambiar todo lo que deseas en tu vida. ¿Cómo? Eligiendolo. Al decir sí y elegir y destruir y descrearlo y abrir la puerta a una posibilidad más grandiosa.

Vamos a hacerlo juntos.

¿Cuál es el valor de crear menos de lo que en verdad eres?

Todo lo que eso es ¿lo destruyes y descreas?

¿Si? Gracias.

Acertado y equivocado, bueno y malo, POD y POC, todos los nueve, cortos, chicos y más allás.

Si creas problemas y limitaciones ¿cuánto te estás creando como menos de lo que en verdad eres? ¿Cuánto tienes que cortar de ti para crearte a ti mismo como lo limitado que estás pretendiendo ser? ¿Un poco, mucho o más que mucho? Al decir el enunciado aclarador te permite acceder a todos los lugares en donde estás haciendo eso en tu vida. No tienes que ir a través de todas y cada una de las limitaciones en tu vida y eliminarlas individualmente. El enunciado aclarador es como una gran aspiradora que succiona todo lo que se interponga en tu camino para tener un espacio libre. El espacio que tú eres. El espacio que te permite elegir tu realidad.

Otra forma de explicar el enunciado aclarador es como una casa de naipes. Si tienes un problema, estás construyendo una casa de naipes. Empezaste en algún momento a crear el problema y después le pusiste otro piso encima, y otro encima. Podrías empezar a examinar tu problema viendo la carta que está arriba y yendo hacia abajo hasta que llegas al fondo para descubrir las razones de tus problemas. Examinar la razón de tus problemas es mucho trabajo y no te lleva a nada aparte de más adentro de tu problema. No lo cambia.

A mí me gusta lo rápido y eficiente. Como psicóloga no se supone que tengas ese punto de vista. Se supone que mi trabajo es ir a través de los problemas de mis clientes. El trabajo nunca ha sido mi mejor talento y habilidad. Me gusta jugar y disfruto cambiar las cosas con facilidad y creando diferentes posibilidades. El enunciado aclarador es más mi estilo; rápido, fácil y sin efectos secundarios.

Lo único que se requiere es elección. La elección de dejar ir las limitaciones que has creado. ¿Cómo puede mejorar eso? Te recuerda el hecho de que eres tú quien puede cambiarlo, que tú tienes todo lo que se requiere para hacer eso, y que puedes cambiarlo ahora. Una vez más:

¿Cuál es el valor de crearte a ti como menos de lo que en verdad eres?

Todo lo que eso es ¿lo destruyes y descreas? ¿Sí?

Acertado y equivocado, bueno y malo, POD y POC, todos los 9, cortos, chicos y más allá.

Sigue diciendo este proceso para abrir las puertas a ser más de ti.

El enunciado aclarador elimina lo que has separado de ti de lo que realmente es posible para ti. Te saca de tu mente y te lleva a la pregunta. Las preguntas abren nuevas posibilidades. Tu mente te da respuestas que te mantienen dando vueltas a lo mismo una y otra vez. Son todos los pensamientos, sentimientos, emociones, computaciones, juicios y conclusiones acerca de lo que tendrías que hacer y lo que no tendrías que hacer, lo que está bien y lo que está mal, que mantienen las limitaciones. Te mantiene en un estado constante de pensamiento y de hacer y de calcular. Todo ello tiene una carga eléctrica que te mantiene dentro de la polaridad.

Estar más allá de la polaridad te permite adentrarte al espacio de ti donde puedes elegir lo que quisieras crear como tu vida, lo cuál puede ser diferente a cada momento. Usando el enunciado aclarador facilita el acceso a todo eso y disipa la carga positiva y lo negativa en cada área de tu vida.

¿Qué más es posible? La pregunta, la elección, la posibilidad y contribución que genera el movimiento hacia adelante en tu vida. Cuando haces preguntas que abren las puertas a la grandeza, puedes ir más allá de lo que pudieras imaginar y el universo entero te contribuye.

Yo uso el enunciado aclarador cuando me vuelvo consciente de una limitación que estoy eligiendo dejar ir y lo uso con mis clientes.

Capítulo Cinco

Pensamientos, sentimientos y emociones para ser normal

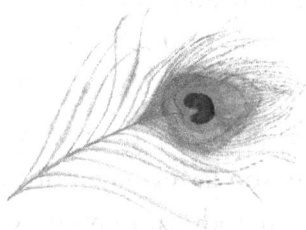

Las personas se definen a sí mismas a través de lo que piensan que son, lo que quiere decir que se definen a sí mismas y a su mundo al pensar y sentir. El pensamiento, el sentimiento y la emoción tienen un gran valor en esta realidad, especialmente en la psicología. El punto de vista es que uno tiene que entender lo que está pasando (lo cuál es pensar) y uno tiene que sentir y tener emociones para poder cambiar cualquier cosa,

"Entender[1]" quiere decir pararse debajo, que es exactamente lo que estás haciendo cuando estás tratando de entender algo o a alguien. Te estás obligando a pararte bajo la cosa o la persona para tratar de llegar a la razón por la que algo o alguien es como es. De esa forma, te haces menos, cortas tu consciencia y tu saber para poner lo que está pasando en la pequeña caja de pensar para poder entender.

La pregunta es ¿Cuál es el valor de entender? ¿Resuelve algo? ¿Realmente cambia algo? ¿O solamente ejercitas tu cerebro hasta que piensas que has llegado a un tipo de conclusión? Ya sabes cómo es eso, cuando estás tratando de entender algo y piensas, y piensas y todo se vuelve cada vez más pesado y más pesado. No cambia ni te da claridad acerca de lo que está pasando. El resultado es la frustración. Pensar es un intento de cambiar algo, sin embargo, todo lo que hace es ir más profundamente en el hoyo negro para encontrar una conclusión que de alguna manera se supone que tiene que ser satisfactorio, y sin embargo no lo es.

Hay millones y millones de razones por las que las cosas y las personas son la forma en que son y actúan como actúan. Podrías pasar todo tu tiempo pensando y obteniendo razones y causas, y en cuanto encuentras más, más se crean.

Los pensamientos, sentimientos y emociones son invenciones y no son una realidad a menos de que los hagas reales. Sin embargo, las personas sufren diariamente basado en sus pensamientos, sentimientos y emociones. Han solidificado estas invenciones en la realidad, encontrando historias para apoyarlas.

Cada vez que te dices a ti mismo que estás triste, has decidido que estás triste, y después encuentras todas las razones para estar triste. Las personas son muy creativas cuando se trata de ello "Oh, mis vecinos me vieron raro, estoy seguro de que no les caigo bien, y por cierto mi perro también me vio de una forma rara. Sé por qué no le caigo bien a nadie, soy una persona terrible..."

Pensar, sentir y tener emociones, sexo y no sexo es lo que haces para pertenecer a esta realidad. El pensamiento es usado para llegar a una conclusión, para resolver cuál es

la elección correcta. Es donde estás constantemente deci-
diendo, concluyendo o computando. Es usarte a ti mismo
como una máquina de cálculo para navegar a través de esta
realidad para hacer todo de forma correcta y no cometer
errores y para ganar y para asegurarte de no perder.

Sentir es cambiar todo aquello de lo que estás consciente, todo lo que estás percibiendo por algo que tenga que ver
contigo. Tomas consciencia de algo y te lo compras como
si fuera tuyo y concluyes que tiene relevancia para ti y que
eso importa.

Las emociones es lo que usas para demostrar que eres
un verdadero ser humano. Las emociones muchas veces
son una forma de demostrar que tienes cariño por alguien
en lugar de reconocer que ya tienes cariño por ellos y no
tienes que demostrar ese cariño.

Sexo y no sexo son las formas en esta realidad en las
que las personas se permiten recibir. Dicen "Con esta persona tendré sexo", lo que quiere decir que de esta persona
recibirás. "Esta persona es una perdedora, nunca tendría
sexo con esta persona," quiere decir que están cortando
su recibir de esa persona, y de todas las personas que son
similares a esa persona.

¿Qué está más allá del pensar, sentir, tener emoción del
sexo y no sexo?

Ser, saber, percibir y recibir.

El espacio donde puedes ser tú, de saber todo, de percibir y recibir todo sin aferrarte a ello y sin tener un punto
de vista.

Bienvenido a un mundo diferente. Bienvenido a ti.

Aquí es donde tienes total libertad y ya no estás al efecto
de la polaridad de este mundo. Para pensar, sentir y tener

emociones, sexo y no sexo se requiere que seas finito y que te contraigas para encajar en esta realidad y hacer de lo que es considerado normal y lo que es considerado malo, algo real. Ser, saber y percibir es donde eres el ser infinito y expansivo que en verdad eres. *Este es el espacio donde todo es posible.*

Suena tan utópico ¿y sabes qué? He descubierto que es posible y que es mucho más fácil ser espacio de lo que uno pudiera imaginarse. Ser, saber, percibir y recibir hace mucho más fácil funcionar en esta realidad y también puedes ir más allá de esta realidad. La puerta se está abriendo para ti justo ahora. ¿Vas a entrar a través de ella, hacia la libertad de ser tú?

Cuando invito a las personas a esta diferente posibilidad de ser, saber, percibir y recibir, me dicen muchas veces que eso no es posible, que uno tiene que pensar y sentir para funcionar, y que es necesario pensar y sentir para poder sobrevivir a esta vida, y hacer lo que es requerido diariamente, igual que en el trabajo.

Cuando estuve en Australia en una clase intensiva de Access Consciousness de siete días, se abrió una puerta para el espacio que en verdad soy. No había pensamientos, sentimientos o emociones en mi cabeza, solo facilidad y gozo. Fui al aeropuerto para salir de Australia y me dieron este formato que tenía que llenar con todo tipo de información de mi misma. Me acordaba de mi nombre, lo cuál fue genial, después me pidieron otra información, la cual podía encontrar en mi pasaporte, y después me pidieron la fecha. Usualmente no se que día es, así que saqué mi iPhone para verla. Después me pidieron el año. Bueno, pues de nuevo saqué mi iPhone, solo para descubrir que no había ningún lugar donde decía que año era. Así que me quedé ahí parada y me empecé a reír por lo divertido de no saber qué año era, dándome cuenta que no importaba.

Cuando hago pruebas psicológicas, una de las preguntas de las encuestas neuropsicológicas es preguntarle al cliente qué año es para conocer las capacidades cognitivas del paciente.

Y ahí estaba yo en el aeropuerto, reprobando el examen y divirtiéndome mucho con ello. Así que pregunté "¿Qué más es posible?" Sabía que podía preguntarle a alguien, "Disculpa ¿qué año es?" y probablemente me hubiera ganado una mirada de reproche. Así que pregunté de nuevo "¿Qué más es posible?" y después una pregunta más "Universo, por favor ayúdame aquí, estoy teniendo un momento no muy brillante ¿en qué año estamos? ¿Cómo le dicen a este año las personas?" Inmediatamente el año 2010 vino a mi consciencia. Lo cómico es que no podía verificar en mi cerebro si ese número era correcto o incorrecto, pero sabía sin duda que era correcto. Y sí lo era. Ahí fue cuando supe la diferencia entre pensar y saber. Y que simplemente puedo pedir la información que requiero y que sé.

Saber es mucho más rápido y ligero que el pensamiento, lo cual tiene sentido. Pensar está basado en los juicios, en la polaridad de lo correcto o incorrecto. Saber es recibir información sin tener punto de vista.

Así es como hago mis reservas de avión y de hotel y esas otras cosas que son parte de esta realidad. Pregunto ¿Qué hotel es divertido y fácil para quedarme? ¿Qué hotel hará mi vida más fácil?" Y así es como sé sin tener que resolverlo o compararlo con otros hoteles.

Hace un tiempo reservé un hotel en Costa Rica, y cuando llegué ahí, algunos lugareños me preguntaron cómo había elegido el hotel. Me pregunté porque me estaban preguntando eso. Dijeron que era porque era el mejor hotel en la playa y parecía que nadie sabía al respecto. El precio es grandioso y tiene una vista al mar espectacular. Me preguntaron cómo era posible que lo hubiera encontrado. Fácil: haciendo preguntas y confiando en lo que sé.

Pude haber ido a buscar en internet, ver hoteles y compararlo, y después trabajar duro para encontrar algo que piense que suena bien. Lo que hice fue hacer preguntas y seguir mi saber. Saber es sentir lo que es ligero y que expande tu universo. Pensar toma tiempo y tiene más carga, y si haces mucho de ello, te da un dolor de cabeza.

Ser, saber, percibir y recibir es posible para todos nosotros cuando dejamos ir la necesidad de pensar, sentir o tener emociones.

La forma pragmática de ver esto es hacer las preguntas: ¿El pensar, sentir y tener emociones es real? ¿Te está llevando a donde quieres ir? ¿Te está dando la libertad que deseas? En otras palabras ¿realmente funciona para ti? ¿Y hay una alternativa que pudieras elegir en donde el pensar, sentir y tener emociones es una elección y no una necesidad de vivir en esta realidad?

Cuando veo películas como Avatar, lloro. Disfruto los sentimientos y emociones que surgen y la consciencia y el gozo de saber de una posibilidad más grande. Todo está incluido. Nada es juzgado. Los sentimientos son una elección y los disfruto. No tengo el punto de vista que los sentimientos son una necesidad. Son una invención. La mayoría de las personas se lo compran como algo real y no muchos hacen preguntas al respecto. Solo asumen que los sentimientos, especialmente el sentirse mal, es parte del trato de estar en este planeta y que es algo natural.

¿Qué tal si no lo fuera? ¿Te has preguntado qué más es posible? ¿Has sabido de alguna forma que ser tú y estar en este planeta de alguna forma podía ser más fácil y gozoso? Si puede. ¿Cómo? Es fácil: Elígelo. Permítete ser la diferencia que en verdad eres, la controversia, la desviación de la norma. ¿Qué tienes que perder? De lo que eres capaz, es de cambiar al mundo. Tu mundo.

¿Cómo acceder al ser, saber, percibir y recibir?

Aquí hay unas herramientas para ti:

¿A quién le pertenece esto?

Lo que está bien es ligero, lo que es pesado es una mentira.

La mayoría de tus pensamientos, sentimientos y emociones no son tuyos. ¿Eso te hace sentir más ligero? Pregúntale a tu cuerpo. ¿Te relajaste un poco más? La mayoría de lo que piensas y sientes no es tuyo. La mayoría de los problemas que tratas de resolver no son tuyos. Tú simplemente estás consciente de los puntos de vista, los pensamientos, sentimientos y emociones que están pasando en el mundo todo el tiempo. Cuando te encuentras con alguien que está triste, sabes que está triste sin que ellos te digan nada. Puedes percibir su tristeza. Lo que la mayoría de las personas hacen cuando perciben tristeza, es concluir que es suya y dicen "estoy tan triste." Solo porque estás consciente y lo puedes percibir no quiere decir que sea tuyo.

Así que ¿qué es posible con esa información? Cuando hay cualquier tipo de pesadez en tu mundo, un sentimiento, una emoción, un pensamiento, detente y pregunta "¿A quién le pertenece esto?" Cuando la pesadez se va, el pensamiento o el sentimiento se va, verás que no son tuyos, simplemente los estabas percibiendo. Sino se va, entonces puedes preguntarte "Verdad ¿Me compré esto como mío?" Si te llega que "sí" sabrás que te estás aferrando a ello. Ahora tienes la elección de aferrarte a él o de dejarlo ir. ¿Cómo? Sólo déjalo ir.

¿Cuál es el valor de comprarte los pensamientos, sentimientos y emociones como si fueran tuyos? Muchas personas concluyen que sólo porque están muy conscientes de ello tienen que hacer algo al respecto. Muchas veces no hay nada que hacer con ello. Solo recibe la conciencia y permítete disfrutar no importa lo que sea. Pregunta "¿Puedo cambiarlo?"

John Lennon tenía razón. Si no puedes cambiarlo, déjalo ser.

Muchas personas tratan de cuidar a otras tomando sus pensamientos, sentimientos, dolor y sufrimiento. Toman todo eso a sus cuerpos como un intento de sanar a esas personas. Algunas veces funciona por un tiempo. La otra persona se puede sentir mejor, pero si no están interesados en dejar ir su problema, pronto crearán un nuevo problema. Y entonces, los dos estarán sufriendo.

Tuve unos clientes cuyo hijo estaba encargándose del sufrimiento de sus padres y los padres no estaban dispuestos a dejar ir su dolor. Así que el hijo estaba sintiendo el dolor de sus padres, sintiéndose como un fracasado por no tener éxito al sanar a sus padres. También he tenido familias donde tanto los hijos tomaron el sufrimiento de sus padres, como los padres tomaron el sufrimiento de los hijos, y toda la familia se sentía mal sin tener idea porqué. Cuando se percataron de ello, cambiaron lo que estaba pasando y toda su familia cambió.

¿Cómo sabes si es tuyo o no?

Lo que te hace sentir ligero es lo correcto, lo que te hace sentir pesado es una mentira. Esa es una gran llave para la libertad que siempre supiste que era posible y que no sabías cómo acceder a ella. Lo que hemos aprendido y la forma en que las personas funcionan en esta realidad es que si es pesado es sólido y tiene que ser lo correcto. "Tiene que ser lo correcto" es una conclusión. Lo que es pesado y sólido y denso tal como el sufrimiento y el dolor "tiene que" ser real. ¿Es en realidad así? ¿Qué es lo que tú sabes?

Lo que es ligero y lo que hace que tu cuerpo se relaje, que tu corazón cante y que se expanda tu vida, es lo que es verdad para ti. Todo lo demás son invenciones, mentiras y cosas que otros hacen real.

¿Cómo te gustaría que fuera tu vida? Percibe la energía de ello. ¿Es pesado y denso o ligero y fácil? Lo más probable, es que será ligero si es que quieres gozo y facilidad. Para crear esa vida, simplemente elige lo que es igual energéticamente. Elige lo que es ligero. Si tienes a dos personas con las que quieres salir a una cita, o si estás eligiendo qué comer, o qué profesión seguir, elige la que se parezca más energéticamente a lo que te gustaría que fuera tu vida. Puedes usar esto para cualquier elección, tal como ver una película, amigos comida, situaciones de vida y demás. Elegir lo que es igual energéticamente a tu realidad es donde cada elección que tomas te contribuye a lo que estás creando. Es aquí donde empiezas a crear tu vida, en lugar de simplemente sobrevivir esta realidad.

Estar presente y consciente es donde recibes todo y no juzgas nada. Recibir todo quiere decir que no tengas ninguna barrera arriba a la información que te rodea. Es cuando estás dejando que pase la información a través de ti, y empiezas a cuestionar qué es posible con lo que estás consciente. Cada toma de consciencia puede ser un inicio a una posibilidad más grande.

La mayoría de las personas piensan que si estuvieran totalmente conscientes de todo, que eso sería demasiado; estarían agobiados y tendrían que protegerse a sí mismos por tanta información. Déjame preguntarte algo: ¿Es eso verdad, o protegerte a ti mismo a subir las barreras consume mucha energía? ¿Y hay algo de lo que te tengas que proteger?

Las personas dicen que hay energía buena y mala. No, sólo hay energía. Es cuando juzgas aquello de lo que estás consciente y juzgas la energía como algo malo que decides que te lastimará. ¿Y adivina qué? Tu punto de vista crea tu realidad; la realidad no crea tu punto de vista.

En lugar de intentar estar totalmente consciente, la mayoría de las personas prefieren quedarse en sus mentes y cerebros para no tener que saber lo que saben. Tanto se torturan y se entretienen a sí mismos con sus películas mentales que no pueden acceder y recibir aquello de lo que sus cuerpos están conscientes.

Recientemente tuve un cliente, un joven hombre que disfruta y se tortura mucho por su masturbación mental. Trata de encontrarle sentido al mundo, lo cual no tiene ningún sentido para él, nunca ha sido así. Trata de entender porqué las personas hacen lo que hacen, y dicen lo que dicen, y sigue las reacciones que tienen. Él tiene Asperger, pero no tienes que tener Asperger para que esto también sea verdad para ti.

Nunca aprendió a lidiar con todo lo que sabe y de lo que está consciente, así que su forma de lidiar con ello es metiéndose a su cerebro y creando un mundo propio.

Funciona para él. Pero mantener esa máquina mental andando requiere mucha energía para preservar su lugar privado. Ha cortado su consciencia corporal. Los cuerpos son órganos sensoriales que reciben información del mundo todo el tiempo. Al quedarse en su cerebro, ha creado separación en donde no puede disfrutar de su cuerpo. Dice que siempre está en neutral y que no tiene gozo. No tener conexión con tu cuerpo corta todo tu recibir y todo y todos alrededor de ti, incluyéndote a ti mismo. Es como querer llenar tu taza de una bebida deliciosa, que te refresque y revitalice, cuando pusiste un candado al refrigerador. Cada molécula está ahí para contribuirte a ti y a tu cuerpo. Cortar esa conexión a favor de estar seguro y no perturbarte, estando por tu cuenta en tu cerebro te impide todos los placeres, posibilidades y energías creativas que están disponibles para ti.

Recibir que estás consciente crea un campo de juegos totalmente diferente para ti. ¿Qué tal si tu consciencia no fuera una ofensa juzgable? ¿Qué tal que no hubiera ni bueno ni malo, sólo información que puedes usar de la forma en que tú desees? Esto resultaría en más libertad para ti.

Un gran ejemplo de esto es Forrest Gump. Nada derrumbaba a ese hombre. Podía estar en medio de una guerra y recibir todo sin tener punto de vista. Recibe todo y lo usa para crear su realidad. Lo que sea que haga, lo hace desde la gentileza y la amabilidad. No hay juicio en su mundo. No necesita demostrar nada. Y nada es significativo para él. Las cosas cambian y permite que cambien sin aferrarse a nada. No forma, no estructura, no significado. Siendo de la forma en que es, lo lleva más lejos que cualquier otra persona. ¡Qué hombre tan inteligente!

¿Qué tal que el darte cuenta y estar consciente es la nueva forma de inteligencia?

La vida es como una caja de chocolates... No sabemos cómo se presentará pero podemos elegir que se presente.

Capítulo Seis

Juicios – El camino sin salida

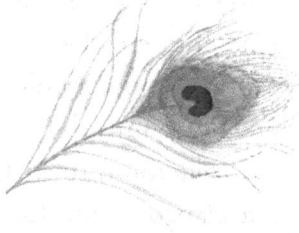

Los juicios son lo que las personas usan para crear sus vidas. Es como las personas tratan de resolver si lo que están eligiendo está bien o mal, correcto o incorrecto, y si les gusta o no. La mayoría de las personas ven el mundo sólo a través del filtro de sus juicios.

Hace un tiempo estaba en la ópera en Viena y la música estaba fluyendo a través de mi cuerpo, revitalizando cada célula. El tenor estaba expandiendo el mundo de la audiencia con su voz. Durante el intermedio estaba tan feliz y agradecida por la música y los cantantes. Mientras ordenaba un vaso de vino, escuché la conversación que una mujer estaba teniendo, y dijo: "Bueno, él está cantando bien hoy, pero escuché que no había alcanzado todas notas que debería haber alcanzado." Su amiga estuvo de acuerdo y siguieron juzgando. Wow. ¿En serio? En la presencia de esa belleza, las personas eligieron juzgar y cortan la posibilidad de recibir la contribución de la voz del tenor y que la música es para sus vidas y sus cuerpos. Qué poca gentileza hacia sí mismas.

Cada vez que juzgas, cortas lo que está disponible para que tú lo recibas. Todo lo que no sea igual a tu juicio no puede entrar a tu mundo.

Las personas con las que trabajo están en juicio constante de sí mismos. Cada vez que se ven a sí mismos, se ven a través del juicio. Han tomado decisiones y conclusiones de que están equivocados, son terribles, no valen nada o son feos. Cuando tienes el punto de vista de que hay algo mal con tu cuerpo o tu relación o tu situación económica o contigo mismo se crea el problema. Cuando tienes la conclusión de que hay algo mal, no hay lugar para que se cree o llegue a tu mundo algo diferente.

Las personas usan la historia de lo equivocado en todas sus formas, se justifican usualmente con "en el pasado, esto y esto pasó, mi infancia fue así y así" para explicar, razonar y justificar por qué tienen los problemas que tienen, por qué no pueden cambiarlo, y por qué su vida es tan difícil.

Yo nunca escucho, digo o me compro la historia. Cuando mis clientes dicen "éste y éste es mi problema, porque…" están empezando la historia. Todo lo que venga después del "porque" justifica por qué tienen un problema, por qué están en lo correcto por tener problemas, y por qué no pueden cambiar lo que dicen que quieren cambiar. Esto mantiene el ciclo del problema. Escuchar y comprar las historias de las personas es decirles que están bien por mantener su historia, y que en realidad sí son víctimas de su propia historia.

¿Qué más es posible?

Hacer preguntas empodera a las personas a que no se compren la historia y a no verse como víctimas. Los invita a tomar consciencia que ellos tienen lo que se requiere para cambiar lo que quieren cambiar.

Cuando mis clientes se dan cuenta de que las razones y justificaciones de por qué tienen problemas son simples historias que han creado, y que esas historias no son reales o fijas, se aligeran al darse cuenta que pueden abrir una puerta a una realidad completamente nueva, la cual pueden elegir.

Cada historia es sólo un interesante punto de vista. Puedes verlo de esta forma o de esta otra forma, y dependiendo del humor en el que estés y de con quién estés hablando, tu historia cambia. Tu pasado es lo que tú juzgas que es. No hay nada fijo en ello. Son tus juicios acerca de tu historia lo que determina lo que calculas que es probable para tu futuro. Es crear tu futuro basado en tu pasado, lo cual no te da mucha elección. Eliges del menú del pasado.

¿Qué tal dejar que tu pasado sea un punto de vista interesante en lugar de un punto de vista fijo? ¿Qué tal dejar que tu pasado sea no significativo y permitirle que sea lo que tu elijas ser o hacer antes de este momento? ¿Qué tal permitirte elegir ser lo que eres en este momento? ¿Cuántas más elecciones tendrías disponible? Tu menú acaba de incrementarse dramáticamente ¿no?

Muchas personas no fueron reconocidas por su genialidad cuando eran niños. Fueron juzgados principalmente por no ser suficiente. ¿Qué tal si te trataras a ti mismo en la forma que te hubiera gustado que te trataran, en lugar de sufrir por la forma en que te trataron? ¿No cambiaría esto tu futuro?

Las historias pueden ser divertidas cuando expanden tu mundo y te inspiran, no si las usas para justificar tus limitaciones.

Estaba trabajando con una mujer que fue abusada sexualmente cuando era adolescente. Estábamos hablando acerca del abuso y ella dijo que ya no quería estar limitada por su pasado. Ella había usado el abuso para justificar que ya no podía disfrutar de su vida y que odiaba su cuerpo. Cuando se volvió consciente de ello, ella estaba lista para dejar ir la justificación de sus limitaciones, y eso abrió la puerta para recibir mi facilitación para cambiar lo que el abuso había creado en su mundo y su cuerpo. Al encargarnos de lo que fue creado por el abuso, la energía que estaba atascada en su cuerpo pudo ser liberada.

En su sesión una semana después, tenía una gran sonrisa y dijo que habían cambiado muchas cosas para ella. Ahora disfruta de su cuerpo, y es como si el abuso no hubiera pasado. Ya no es relevante. Ella cambió su pasado. Es una persona diferente y sabe que puede elegir lo que ella desee.

¿Qué estás eligiendo?

¿Estás dispuesto a dejar de juzgarte?

¿Cuánto estás tratando de demostrar que eres lo suficientemente bueno y que no estás mal al demostrarte a ti mismo y a otros lo inteligente que eres? Demostrar que eres inteligente requiere el juicio constante de ti. Estás en constante vigilancia de ti mismo para ver si eres suficientemente inteligente o no. Todo lo que se logra es tener una cabeza humeante.

Otro juicio que las personas tienen es demostrar cuán tontos son, una y otra vez para no saber qué tan inteligentes son en verdad.

Todos tienen su propia forma de juzgarse a sí mismos fuera de las capacidades que realmente tienen disponible. Ser la grandeza que eres requeriría que estuvieras en total permisión de ti mismo. Permisión total es donde puedes recibir todo y no juzgar nada. es donde ya no necesitas esconder nada de ti mismo ni de otros con el punto de vista que cualquier parte de ti es demasiado fea para que otros la vean. Cada fealdad se vuelve un interesante punto de vista. Ya no es real. Solo un interesante punto de vista.

Juguemos con esta herramienta. Toma algo que consideres incorrecto, terrible y feo acerca de ti mismo. Ahora dile a ese punto de vista "Es un punto de vista interesante que tenga ese punto de vista." Ahora considera de nuevo ese punto de vista tal como es ahora y di de nuevo "interesante punto de vista que tengo este punto de vista" y percibe cómo es ahora…. y di de nuevo "interesante punto de vista que tengo este punto de vista." Ahora voltea a ver ese punto de vista de nuevo. ¿Está cambiando?

Quizás tengas que repetirlo 20 veces o más para los puntos de vista y los juicios que has tenido de ti mismo por mucho tiempo. Hazlo hasta que se aligere o que empieces a relajarte. Algunas personas empiezan a reírse cuando hacen esto al irse dando cuenta de lo cómico que es tener esos puntos de vista y qué tan relajante es dejarlos ir.

Puedes usar esta herramienta para cada cosa que se "sienta" pesada. Puedes usarla para tus puntos de vista o para los puntos de vista de alguien más. Por ejemplo, si alguien te dice que hiciste algo mal o que no eres lo suficiente, entonces di en tu cabeza "interesante punto de vista que él (ella) tiene este punto de vista," hasta que te des cuenta que no están diciendo otra cosa que un punto de vista y no una realidad.

Tuve un cliente cuya esposa lo acusaba de todo tipo de cosas. Hiciera lo que hiciera, él estaba equivocado. Se sentía terrible y tenía el punto de vista que todos los problemas que tenían en su matrimonio eran su culpa. Él había tratado de hacer todo lo correcto para su esposa. Le mostré la herramienta de "interesante punto de vista" y lo usó cada vez que su esposa lo juzgaba. Bajaba sus barreras y decía en su cabeza "interesante punto de vista que ella tiene ese punto de vista" (no de forma sarcástica) hasta que dejaba de hacer real su punto de vista. Podía recibir lo que ella tenía que decir, lo cual acortó sus charlas ya que ella sentía que él lo recibía y no tenía que demostrar lo correcto de su punto de vista.

Cuando todos los puntos de vista del mundo no son nada más que un interesante punto de vista, lo significativo de los juicios desaparece. Ya no son relevantes. Son solo lo que usan las personas para hacerse a sí mismas reales y poder pertenecer. Permitirte a ti mismo ser diferente y no intentar cambiarte para encajar en los juicios de las otras personas, abre una puerta para la elección. Puedes recibir todo y a todos como un interesante punto de vista y como información que puedes usar para crear tu vida. Aquí es cuando vivir se vuelve pragmático en lugar de complicado.

La elección es donde puedes cambiar de dirección a cada momento. Si has estado molesto con alguien, puedes elegir de nuevo. ¿Quieres continuar estando molesto con alguien o te gustaría salir a tomar una caminata en el parque en lugar de ello? ¿Qué tal si ninguna elección tuviera que durar más de diez segundos? Estás molesto por diez segundos, los diez segundos pasaron y puedes elegir algo diferente.

Por ejemplo, digamos que les gritaste a tus hijos y te sientes terrible por ello. En lugar de sentirte mal, podrías recibir la elección que acabas de tomar sin tener un juicio y decirle a tus hijos "lo siento, acabo de ser un padre podrido. Por favor perdónenme." Y seguir adelante. Esos diez segundos de gritar se acabaron. No has lastimado a tus hijos por ello. Les acabas de mostrar que a veces puedes tomar elecciones que no son tan expansivas, y que no hay necesidad de juzgar esas elecciones y que siempre hay la posibilidad de seguir adelante y elegir de nuevo. Sin sentirte mal por ti mismo es el más grande regalo que le puedes dar a tus hijos para inspirarlos a que no se juzguen a sí mismos en el futuro por las elecciones que ellos tomen.

La verdadera creación no viene del juicio de lo que está bien o de lo que está mal, sino de hacer preguntas y elegir y elegir de nuevo. La elección crea consciencia.

Muchas personas malidentifican el juicio con una toma de consciencia. La diferencia entre consciencia y un juicio es la energía. Un juicio tiene una carga; es o positiva o negativa. Una toma de consciencia no tiene por qué tener carga; es ligera. La consciencia te hace sentir ligero. Los juicios son pesados.

Por ejemplo, si piensas que alguien está siendo cruel, pregunta si esto es un juicio o una toma de consciencia. Incluso reconocer la crueldad de alguien es ligera cuando es una toma de consciencia. La parte grandiosa de ello es que puedes usar tu consciencia como información y saber que con esa persona no es alguien con quien quieras salir a cenar. La consciencia lo incluye todo y no juzga nada, incluso la crueldad.

Un día mientras me preparaba para ir a trabajar, tuve este saber de quedarme en casa y no sabía la razón. Al día siguiente escuché que un hombre había amenazado con una pistola a los empleados. Reflexionando al respecto, la consciencia que tuve fue de no ir a trabajar ese día era ligero y no tenía una carga a pesar de que fue por una amenaza.

Confiar en mi saber y no juzgarme por no haber ido al trabajo, definitivamente hicieron mi vida más sencilla.

Invenciones de la mente

Cada molestia que tienes es algo que alimentas con energía y lo haces real. Usas tu energía, tiempo y creatividad para hacer reales a tus molestias y para encontrar evidencia para que se vuelvan más grandes que tu capacidad para cambiarlas. Revisa a través de tu día para ver cuántas molestias tienes sólo en un día, con tu familia, con tus hijos, con tus colegas, contigo mismo, con tu cuerpo, con tu dinero, con tu negocio... Cada que algo carece de facilidad, que es tu estado natural de ser, estás creando una molestia y lo estás haciendo real.

Qué gran y glorioso inventor eres; inventando molestias cada día, a cada momento, sólo para ser normal y real como todos los demás. ¿Qué tal si pudieras usar tu capacidad de invención y creatividad para tu ventaja y crear algo que realmente funcionara para ti?

¿Cuántas de tus molestias e invenciones son realmente tomas de consciencia que no has reconocido y que has torcido para que sean los juicios los cuales están creando problemas en tu vida? Si no entendieras una palabra de lo que acabas de leer, es totalmente apropiado. Solamente ríe y asiente. Eso es lo que los extranjeros hacen cuando no entienden y quieren ser bien educados.

Al no entendimiento es exactamente a dónde queremos llegar. Ese es el lugar en donde ya no tienes que crear desde las limitaciones de tu mente y te abres a tu saber, lo cual algunas veces puede parecer como si ya no entendieras nada. Disfruta asintiendo. Leer o escuchar algo así y no entenderlo quizá te esté dejando saber que eso es lo tuyo.

Cuando es lo tuyo, tu mente no lo entiende y va más allá de su capacidad de resolverlo. Este es el punto a donde puedes ir más allá de tus limitaciones. No te preocupes, sé feliz y agradecido y simplemente sigue leyendo.

Por ejemplo, cuando estás consciente que alguien está robándote, acabas de recibir información que puedes usar a tu ventaja. Pregúntate qué te gustaría elegir que hará más sencilla tu vida. ¿Te gustaría hablar con la persona o solamente dejarla ser, o qué más podrías elegir que expandirá tu vida? Recibir esta toma de consciencia te deja saber que tienes una elección.

Si te das cuenta que alguien te está robando pero te juzgas a ti mismo diciendo "Tengo que estar equivocado, que terrible pensamiento, esta persona nunca me robaría..." acabas de torcer tu consciencia en un pensamiento y un juicio y creaste una invención lo cual crea una molestia en tu realidad.

¡Vamos a poner al enunciado aclarador en acción para cambiarlo!

¿Cuánto de tu consciencia estás torciendo en pensamientos, sentimientos y emociones? Todo lo que surgió al leer la pregunta ¿lo destruyes y descreas?

Acertado y equivocado, bueno y malo, POC y POD, todos los nueve, cortos, chicos y más allás.

Recomiendo ampliamente usar ese proceso verbal muchas veces para acceder a tu consciencia y abrirte a ti mismo a todo lo que hayas hecho real, que no es real. Al decir usar ese proceso verbal, me refiero a que digas ese enunciado en voz alta o en tu cabeza. Si usas este proceso para ti mismo, solo reemplaza el "tú", por "yo".

Lo siguiente es defender la invención. Una vez que inventas algo, lo defiendes. Por ejemplo, si inventas el punto de vista que no le caes bien a nadie, entonces defiendes esa invención al buscar la evidencia de que a nadie le caes bien. Proyectas en otras personas que no les caes bien, estudias sus caras para encontrar signos de que no les caes bien, pones en su cabeza que no les caes bien, y lo comprobarás cuando te eviten o sean crueles contigo.

¿Puedes ver como funciona eso? Es una locura. Y todo es simplemente una invención.

¿Cómo lo puedes cambiar?

Al estar consciente de ello. Al estar más y más consciente que la molestia en tu vida sólo es una invención; elegir dejarlo ir es todo lo que se requiere para cambiarlo.

Para hacerlo más fácil puedes usar el siguiente proceso una y otra vez:

¿Qué invención estoy usando para crear la molestia que estoy eligiendo? Todo lo que eso es ¿lo destruyes y descreas?

Acertado y equivocado, bueno y malo, POD y POC, todos los 9, cortos, chicos y más allá.

CAPÍTULO SIETE

DE SÍNTOMAS A DIAGNÓSTICOS
Y ¿DÓNDE ESTÁS TÚ?

Resumir los síntomas a categorías llamadas diagnósticos, es una de las principales formas de crear orden en un área de la salud mental. Las personas son tan complejas en sus formas de pensar y comportarse que crean estragos y una necesidad de crear orden. Hay tantas reglas de cómo comportarse y lo que está bien y lo que está mal, que las personas se sienten perdidas y desesperadamente hacen lo todo lo posible para que hagan lo correcto, para ser aceptados, para pertenecer.

Los sistemas de diagnóstico son puntos de referencia para juzgar lo que es normal y lo que está mal y lo que no es normal. Es una creación que cambia año con año y está diseñada para encontrarle sentido a algo que no tiene sentido. La mayoría de las personas sienten que están "equivocadas" y encuentran la evidencia de qué tan equivocadas y enfermas están cuando tienen un diagnóstico. Otros lo usan como una razón y justificación por la que son incapaces de crear sus vidas. Cambiar eso y dejar ir los puntos de referencia y definiciones de sí mismo requiere mucho coraje.

Los diagnósticos realmente nunca me han asistido en mi trabajo. Reconozco como cada paciente es diferente. Una persona puede encajar en muchos diagnósticos al mismo tiempo o en ninguno. Cuando he consultado mi libro de diagnósticos y finalmente he logrado encontrar un diagnóstico correspondiente nunca he estado segura de cómo lo logré. He categorizado los síntomas de las personas. Muy bien. ¿Y ahora? ¿Qué hacer con esta información?

Mientras escribo este texto, encuentro difícil escribir acerca de un solo tema cada vez. Ya que hay tanto que quisiera decir, tanto que he descubierto que es tan diferente a la psicología actual, quisiera escribir todo de una vez. Estoy segura que hay un diagnóstico para esto también. De hecho, soy TDA, TDAH, autista y TOC al mismo tiempo, y psicóloga y encima de todo ello, me veo totalmente normal (lo que sea que eso quiere decir).

Nota que dije "soy" TDA… hay una diferencia entre tener un diagnóstico y serlo. Tener un diagnóstico es tener síntomas que pueden ser resumidos a una categoría en específico. Esos son libros escritos que pueden ser encontrados en cada librero de cada psicólogo. Meramente son invenciones. Ser TDA es tener capacidades que esconden estos llamados diagnósticos. Sí, es correcto, usé la palabra "capacidades". Más adelante en el libro exploraré contigo cuáles son esas capacidades. He asistido a muchas conferencias y he leído muchos libros que se refieren al TDA, TDAH, autismo y otros diagnósticos mentales como trastornos o déficits. ¿Realmente estas personas están "incapacitadas"?

¿O solamente son diferentes? Si lo vemos de forma más cercana, podemos percibir y recibir las posibilidades.

¿Qué es lo que sabes que no te has permitido a ti mismo saber? Si vas más allá de lo que es correcto y real en esta realidad y lo que te han entrenado a creer ¿qué es lo que sabes realmente acerca de lo que es posible para ti y para el mundo?

Las personas que han sido diagnosticadas a menudo usan esas etiquetas para describir quién son. Se crean a sí mismos de acuerdo a los síntomas que son resumidos en "su" diagnóstico y con ello, validan las realidades de otras personas acerca de cómo se supone que son. Hacen esa imagen de quién son basados en las limitaciones del diagnóstico. He visto esto con tantos pacientes en la salud mental. Con la etiqueta de "depresión", se deprimieron más ya que así tenían una razón y justificación por estar deprimidos.

Incluso las teorías funcionan como diagnósticos. Son estructuras y respuestas que te dicen lo que es correcto y lo que está mal y qué camino tomar. Tomas tu vida y haces que encaje en una teoría para tratar de explicarla y entenderla. La usas como punto de referencia para encontrar la solución. Pero en la solución se encuentra la trampa. Usas la respuesta para explicar la vida que te está desempoderando.

Una respuesta desempodera.

Una pregunta empodera.

¿Cómo una teoría o diagnóstico puede saber más de ti que lo que tú sabes de ti mismo?

Te invito a que sepas lo que sabes, en lugar de buscar los puntos de vista de otras personas como más valioso que tu propio saber. ¿Qué tal que pudieras ser quien eres en lugar de tratar de encajar en esta caja de diagnóstico que es tomada como realidad?

CAPÍTULO OCHO

EL ESPACIO LLAMADO TÚ—ES RARO, ES EXTRAÑO, PERO FUNCIONA

¿Cuánto más difícil estás haciendo tu vida de lo que tiene que ser? ¿A cuántos de tus llamados problemas te estás aferrando porque eso es lo que uno hace en esta realidad? Tienes que tener un problema para poder ser real. Todos tienen uno ¿Así que por qué tú no tendrías uno? ¿Quién serías sin uno o dos? ¿Has decidido que serías demasiado diferente, demasiado raro, si no crearas una discapacidad que te hace tan limitado como todos los demás? La vida es como el golf. Es acerca del handicap . ¿En serio? ¿Realmente es esta tu realidad?

¿Qué estás haciendo real que no lo es?

Recuerda: Lo que es ligero es cierto, lo que es pesado es una mentira. Una herramienta que puedes usar para todo. Cuando quieras saber si algo es una invención y no real, percibe la energía de ello. Si es ligero, estás teniendo una toma de consciencia. Si es pesado es una mentira; es la percepción o punto de vista de alguien más.

Así que ahora mira a través de tu vida y percibe todos los lugares donde estás creando la pesadez y pregunta ¿es esto real o esto es una mentira que me he estado comprando? Nota que tu universo se aligera. Esta información usualmente no es usada porque en esta realidad es más valioso tener problemas, hacerlos reales y descubrir porqué uno tiene problemas en lugar de hacer una pregunta que lo cambiaría de forma inmediata. Lo único que requieres es hacer preguntas y prender la luz de la consciencia para saber lo que es requerido para poder cambiarlo. Es tan sencillo que quizá digas "eso no es posible, es demasiado sencillo, alguien me lo hubiera dicho antes." ¿Qué tal si empezaras a confiar en lo que sabes en lugar de lo que te han dicho que es real hasta hoy?

Pregúntate a ti mismo: "¿Qué es lo que yo sé aquí?"

Cuando algo es cierto para ti, lo sabes más allá de la duda. No hay ninguna necesidad de usar tu cerebro para tratar de resolver cualquier cosa o para tratar de encontrar la evidencia. Simplemente lo sabes. El punto de vista de que no puede ser tan sencillo ¿te hace sentir más ligero o pesado? Ligero quiere decir que te hace sentir más relajado, como tomar un respiro. Es cuando sabes lo que es verdad para ti, no desde el punto de vista cognitivo sino desde un saber que es más grande a lo que puedes pensar en tu cabeza.

Así que ¿qué más te hace sentir pesado dentro de tu cabeza? ¿Cuánto de lo que está pasando diariamente en tu cabeza te hace sentir pesado? ¿Cuántos de los pensamientos en tu cabeza son un piloto automático, sin parar, una y otra vez sin que tú puedas detenerlos, volviéndote loco? ¿Quisieras cambiar eso? ¿Quisieras descubrir realmente quién eres más allá del ruido de tu cabeza?

Aquí viene, la información que te tendrían que haber dado hace mucho tiempo: 99% de todos tus pensamientos, sentimientos y emociones *no son tuyos*. No son tuyos. Todos son información que te está llegando de otras personas y de la Tierra. Te dije que esto iba a ser raro. Cambiar y ser más de quien eres requiere que dejes ir lo que hasta ahora no ha funcionado para ti y abrir las puertas a algo distinto que puede ser raro y un mundo totalmente diferente pero que realmente te da la libertad de ti. Tratar de detener los pensamientos en tu cabeza no funciona; no hay un botón de "apagar". Tratar de relajarte con todos esos pensamientos en tu cabeza tampoco funciona.

¿Cuántas técnicas has probado que no han funcionado? ¿Por qué no funcionan? La mayoría de esas técnicas están de acuerdo y se alinean con la idea de que esos pensamientos son reales y que son tuyos. Todo con lo que estás de acuerdo, con lo que te alineas y a lo que resistes y reaccionas, lo haces real y eso te atasca. Con todo lo que te has alineado y estado de acuerdo y resistido y reaccionado, lo haces real y te conviertes en el efecto de ello. Lo mismo con tus pensamientos y sentimientos.

Ve el océano. No importa si llueve o neva o que el sol brille, el océano siempre es y está siendo lo que es con cualquier tormenta que se presente. Lo mismo con los árboles. Los árboles están siendo la paz que son, sin importar qué tipo de clima se presente. No están confundiendo el clima, la tormenta, la lluvia, la nieve o el sol con quienes son.

Las personas siempre confunden sus sentimientos (sus climas) con quienes son. Dicen, estoy triste, estoy enojado. Esto es como si un árbol dijera "soy la nieve, soy la lluvia." ¿Qué tal que pudieras estar consciente del espacio que eres, la paz que eres y cada vez que estás consciente de un sentimiento o un pensamiento, pregunta "¿a quién le pertenece esto?" Lo diré de nuevo: 99% de tus pensamientos y sentimientos es información que recibes de otras personas y de la Tierra. Si. Eres una máquina de gran magnitud de estar consciente. Si reconocieras eso, haría tu vida mucho más sencilla. Eliminaría 99% de lo que está pasando en tu cabeza.

Pero, no lo hagas. Estarías tan en paz como los árboles y el océano. Serías tan diferente que los demás te preguntarían lo qué está mal porque ya no te molestarías como solías hacerlo. Estar en paz es algo "malo" en esta realidad. Ser gozoso también es algo "malo" en esta realidad. Tuve una paciente que era bipolar y tomó unas sesiones conmigo, y después de ello conoció a un doctor que se notaba confundido y dijo que ella ya no cumplía con los criterios de ser bipolar y que eso era imposible; no se supone que puedas quitarte un diagnóstico así de fácilmente. Ella le dijo lo feliz que estaba ahora y cuán gozosa era su vida y él le preguntó "¿Estás usando drogas?" Interesante como son las cosas aquí.

Así que ¿qué te gustaría elegir? Ir por ahí comprándote los pensamientos y sentimientos de los demás como si fueran tuyos, o preguntar "¿a quién le pertenece esto?" Hacer esa pregunta cada vez que te "sientes" pesado sin tener que analizar lo que está pasando o cuando no es tuyo, aligera tu mundo y te permite percibir el espacio que eres. Se requiere práctica. Hazlo para cada pensamiento y sentimiento que tengas durante tres días. Al final de esos tres días, serás una meditación andante y parlante. Empezarás haciéndolo y después lo olvidarás y después lo volverás a recordar. No te preocupes. Solo hazlo tan pronto como recuerdes. Te sorprenderás de cuántas cosas pensaste que eran problemas tuyos, cuando en realidad no tienen nada que ver contigo.

Un paciente con TDA vino a verme porque tenía problemas de ansiedad y fobia social y me dijo que tan difícil era estar cerca de otras personas porque le daba ansiedad. Así que le pregunté que cuántos de esos pensamientos, sentimientos y emociones estaba percibiendo de otras personas, pensando que eran suyos. Me miró con unos ojos brillantes y dijo "eso me hace todo el sentido, eso se siente muy cierto, a pesar de que no hace ningún sentido lógico. Es como si hubiera estado haciendo esto toda mi vida. Sintiéndome mal sin parar. Cualquier cosa que probara. No lo podía cambiar. Esta es una información maravillosa. Me siento yo mismo cuando hablo de esto."

"Sí, porque tú eres ese espacio, que es tu ser natural, todo lo demás son las invenciones de las que estás siendo consciente. Son mentiras y cosas que no son tuyas que no puedes cambiar."

Le respondí.

"Es como si mi vida entera estuviera cambiando mientras hablamos de esto. Pensé que estaba enfermo, mentalmente enfermo y, wow, resulta ser que no."

También estás altamente consciente de lo que está pasando con la Tierra. Quizá hayas notado todos los cambios que están pasando en el mundo, en lo que concierne al planeta. Los cambios en el clima. Pregúntate a ti mismo "¿Cuánto estamos conscientes mi cuerpo y yo de lo que está pasando con la Tierra?" ¿Cuánto aligeró tu universo esta pregunta? Tú y tu cuerpo y la Tierra están conectados. Cuando el clima cambia, ¿cuántas veces tu cuerpo ha estado consciente de que el clima estaba a punto de cambiar? Ya sea el clima psicológico o el clima de afuera en la naturaleza, tú y tu cuerpo están conscientes de lo que está pasando.

Tú y tu cuerpo también están conscientes de lo que la Tierra requiere de ti. Cuando tengas un dolor en el cuerpo, pregunta si la Tierra requiere algo de ti.

Estaba trabajando con una mujer que dijo que tenía problemas de enojo, lo cual quería solucionar. Una de las cosas que surgió durante nuestras sesiones fue que se dió cuenta que había guardado enormes cantidades de energía en su cuerpo, lo cual había aplicado e identificado mal, como enojo que tenía que suprimir. Cuando hicimos la pregunta "¿Qué es lo que la Tierra requiere de ti?" todo se aligeró inmediatamente. Le pedí que levantara sus manos y juntara toda la energía de la Tierra, de sí misma y de su cuerpo, y que enviara, moviendo las manos hacia enfrente, toda esa energía hacia la Tierra. Hizo eso más o menos 20 veces y estuvo totalmente en paz después de ello. Se dio cuenta que ella es espacio y paz. Su enojo era simplemente la Tierra pidiéndole contribuciones que ella se había rehusado a escuchar.

Cuando estás en una habitación donde las personas han estado peleando y entras ahí, sin tener la información de que las personas han estado peleando, tú sabes lo que ha estado pasando ahí, tú sabes que algo acaba de pasar. ¿Por qué? Porque estás consciente de la energía alrededor de ti ¡todo el tiempo!

El asunto de preguntar "¿a quién le pertenece esto?" es que ya no tienes que comprar lo que no es tuyo. Ya no tienes que cargar con el peso como si fuera tuyo y puedes ser libre y empezar a crear tu vida en la forma que realmente te gustaría.

Esta es una herramienta que le enseño a mis clientes todo el tiempo y los que eligen usarla me comentan cuán sorprendidos están acerca de cuántos de los problemas no fueron suyos, y cuántos de los problemas de otros habían estado tratando de resolver al atorarlo en sus cabezas y sus cuerpos.

¿Cuánto estás tratando de sanar a otros al tomar sus pensamientos y sentimientos y dolor y sufrimiento? ¿Eso está funcionando para ti? ¿O siempre termina en que tú te sientes mal y la otra persona continúa creando nuevos dolores y sufrimiento?

¿Qué creación de dolor y sufrimiento estás usando para validar las realidades de otras personas y para invalidar tu realidad, estás eligiendo?

Todo lo que eso es ¿lo destruyes y descreas?

Acertado y equivocado, bueno y malo, POD y POC, todos los 9, cortos, chicos y más allás.

¡Cada vez que eliges el dolor y el sufrimiento validas esta realidad e invalidas tú realidad! ¿No es ahora el momento de empezar a elegirte?

CAPÍTULO NUEVE

LOS DISTRACTORES: ENOJO Y CULPA

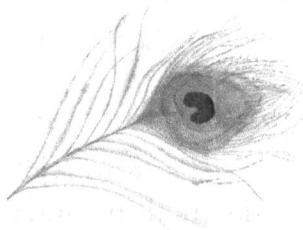

El enojo y la culpa son implantes distractores. Te mantienen atrapado y te dicen que no tienes ninguna elección. Son cosas sobre las cuales las personas nunca hacen preguntas. Asumen que así es como la vida tiene que ser. La mayoría de las personas están de acuerdo y se alinean al hecho de que el enojo es real y que la culpa es real y pasan mucho tiempo tratando de encargarse de ellas. Nunca preguntan ¿el enojo y la culpa son reales?

Tratar de encargarte de ello o trabajar duro para manejar estas no funciona, ya que no son reales. Aquello que no es real y lo que es una mentira, no lo puedes cambiar. Los implantes son todo aquello con lo que estás de acuerdo y con lo que te alineas y a lo que resistes y reaccionas, lo cual contribuye a la energía de hacerlo real. Por ejemplo, si tú y yo estamos caminando y yo digo "mira a esa persona, mira su cara, él está tan enojado. (Cuando lo único que está pasando es que la persona está a punto de estornudar.) Al tú estar de acuerdo con mi punto de vista y decir "Si, estás en lo correcto, él está tan enojado" acabas de ser implantado con un punto de vista. Acabamos de inventar algo que no es real.

Los implantes distractores parecen un problema, pero no lo son. Muchas personas tienen el punto de vista que el enojo es el problema, así que tratan de sacarse a sí mismos y a otros de esa emoción. ¿Qué tan bien funciona eso?

¿Por qué implantes distractores?

Estos implantes son una distracción respecto a lo que realmente está pasando. Te distraen de la consciencia, del ser, del saber, percibir y recibir que es posible. Tratar de manejar o resolver un problema o un asunto que has decidido que tienes, por ejemplo, la culpa, no se hace enfocándose en la culpa y resolver la culpa. ¿Cuántas veces ha funcionado eso para ti? Y cuánto de esa culpa se queda o regresa una y otra vez. Es como buscar una llave en Suecia cuando la perdiste en Alemania. Nunca la encontrarás en Suecia, a pesar de que pases años buscándola.

Los implantes distractores son mentiras de esta realidad. Nunca puedes cambiar una mentira. Siempre será una mentira. Es donde las personas te dicen "esto y esto son mis problemas", y los cargan toda su vida ya que han decidido que son sus asuntos. Están de acuerdo y se alinean con ese hecho y lo resisten y reaccionan al mismo tiempo y caen más y más profundamente en el problema. Nada más, nada diferente y nada más grandioso puede entrar a sus vidas.

Tuve una paciente que vino a mí porque estaba convencida que el enojo era su problema y que ella iba a tener que trabajar duro para liberarse de él. Había mucha gente diciéndole que ella era una persona muy enojona y que ella, de hecho, tenía un gran problema y que necesitaba atención psicológica. Y aquí estaba, viéndome con resentimiento y convenciéndome con toda su fuerza de cuánto era una mujer enojona. Usaba su cuerpo y su voz de tal forma que tendría que haberme provocado miedo.

Sabiendo que el enojo no es el problema, la vi para nuestra primera sesión con todas mis barreras abajo, sin alinearme ni estando de acuerdo con el hecho de que el enojo era su problema, ni resistiendome ni reaccionando con su forma enojona de referirse a mi. Ella estaba sorprendida. Ella nunca había conocido a nadie que no tuviera ningún punto de vista y que estuviera en total permisión de ella, a pesar de que ella había decidido que era una persona terrible. Su sorpresa de ser recibida en la forma en que fue recibida le hizo cuestionarse lo que estaba pasando y abrió una puerta en donde yo le pude mostrar una posibilidad diferente.

Empezamos el camino a que, en primer lugar, ella estuviera en permisión de su enojo al dejar ir los juicios y la resistencia respecto a su enojo. Eso cambió su punto de vista y le permitió que dejara de juzgarse. El espacio abrió el lugar donde pudo acceder a sí misma de una forma totalmente diferente. Debajo de ese enojo que había hecho tan real toda su vida estaba esta potencia enorme: una mujer fuerte, creativa que había sido juzgada toda su vida por ser diferente e independiente. Una vez que ella vio la mentira llamada enojo, pudo recibir aquello de lo cual era realmente capaz y de saber el regalo que realmente es. Lo que se mostró fue realmente sorprendente. Esta mujer resultó ser totalmente diferente a lo que ella jamás pudo haber imaginado. Cambió su vida entera, su carrera, su forma de vivir y ser.

En todos los lugares donde resistes, reaccionas, estás de acuerdo y te alineas, donde tengas cualquier punto de vista o juicio de lo que está bien y de lo que está mal, limitas aquello de lo que puedes darte cuenta de lo que realmente está pasando, y limitas tus capacidades de cambiar lo que nos gustaría cambiar. Percibir todo solo como un interesante punto de vista te da la libertad de ti. De hecho, todo puede ser correcto o incorrecto dependiendo de quién lo esté juzgando: la cultura, la edad, la experiencia pasada, etc. Ver todo como sólo un punto de vista interesante permite que se presente la relajación donde las cosas que fueron juzgadas como valiosas y reales puedan dejar de ser significativas o importantes.

Este es el espacio de permisión en donde todo es sólo un punto de vista interesante, donde todo está incluido y nada es juzgado. Desde ese espacio, mi cliente accedió a la posibilidad de recibirse a sí misma e inició el camino de darse cuenta de quién era realmente y de lo que es capaz. El proceso de cambiar su realidad y crear una vida diferente inició. Con cada sesión incrementó su disposición a dejar ir las mentiras del enojo y sus limitaciones, abrió la puerta a la posibilidad, y a estar agradecida por quien era. Gratitud es un estado relajado de ser. Es estar en permisión de lo que es y lo que fue y en la gozosa consciencia de lo que es posible.

Así que, en lugar de tener el objetivo de lidiar con el enojo, el odio, la furia, la culpa y la vergüenza en tu vida o en la terapia, un acercamiento más efectivo es estar en permisión de lo que es descubrir aquello de lo cuál nos están distrayendo estos implantes. ¿Cómo se puede hacer eso? La máxima invitación para que otras personas sean más ellas mismas es que nosotros seamos más nosotros mismos. Sé tú y cambia el mundo.

Los implantes distractores están diseñados para controlar, proyectar un punto de vista y limitar la posibilidad de elegir. El enojo y la culpa son la forma perfecta de controlar a los otros y de ser controlado por otros. Cuando alguien culpa a alguien más por algo sin hacerle una pregunta, usualmente los dos funcionan desde el piloto automático: Se sienten mal y no hay forma de salir.

Cuando algo como eso se presente en tu vida, a lo que te has enfrentado es a una mentira, una distracción respecto a lo que realmente es posible, a la potencia y al poder y al ser que en verdad eres. Dejar ir los implantes distractores te permite tener facilidad y elección infinita. Sin enojo, culpa y vergüenza ¿Cómo podrán las otras personas controlarte?

Pregúntate a ti mismo:

¿Qué poder y potencia no estoy dispuesto a ser y recibir que estoy escondiendo detrás del enojo?

¿Qué es lo que no estoy dispuesto a ser que estoy escondiendo debajo de la culpa y la vergüenza?

¿Hacer estas preguntas te hace sentir más ligero? ¿En algún lugar en tu universo se abre un saber que hay una posibilidad más grandiosa?

Trabajé con una mujer muy bella que sufría por que la cara se le ponía roja cada vez que alguien empezaba a hablar de ella. Me dijo que los hombres la deseaban y a ella le daba tanta vergüenza que su cara se ponía roja cuando ellos le hablaban. Ella trataba de evitar contacto visual, pero cada vez que otras personas la veían, ella se iba avergonzada. Esto la llevó a la tristeza y a sentir que ella había fracasado. Ella estaba muy molesta por ello.

Así que le pregunté ¿qué es lo que no estás dispuesta a ser y recibir? Ella me volteó a ver con sorpresa y dijo "La lujuria. Y el hecho de que los hombres me vean y quieran acostarse conmigo."

"¿Así que no estás dispuesta a recibir la energía que te envían? Le pregunté.

"No" me dijo ella.

"Así que ¿qué hay con eso? ¿qué no estás dispuesta a ser?"

"Pues, no quiero ser una puta" ella me respondió.

"No estar dispuesta a ser una puta te hace subir tus barreras a no recibir esa energía. Todo lo que no estés dispuesto a ser te defiendes en contra de ello y cortas tu ser y recibir de esa energía y de las personas que tienen esa energía.

"¿Has decidido que ser una puta es una cosa incorrecta?"

Ella dijo "Oh sí."

"Así que, déjame hacerte una pregunta: "Verdad ¿permitirte ser una puta sería divertido para ti?" Ella empezó a reír incontrolablemente y todo su cuerpo se relajó. Eso fue un muy claro "Si." "No estar dispuesto a ser lo que has decidido que es incorrecto, es lo que te limita de lo que puedes ser y recibir. No se trata de salir y dormir con todos, se trata de permitirte recibir, de ser el sexualness que en verdad eres y divertirte y disfrutar de ti mismo y de las personas que tienen lujuria por ti."

Le pedí que recibiera la energía de ser una puta y recibir la lujuria que los hombres le enviaban, y que bajara sus barreras y recibiera todo eso, con toda su intensidad y en cada célula de su cuerpo. Ella se sorprendió y estaba contenta por lo que se presentó. La consciencia de cuánta energía ella estaba usando para asegurarse de no recibir lo que ella había decidido que era algo incorrecto. Y la intensidad de lo que era posible para ella de ser y recibir y la felicidad y gozo que se abrió en su mundo fue increíble. Floreció y disfrutó que las personas la vieran, y tuvo una conexión completamente diferente con su cuerpo, y no tuvo un punto de vista de si se ponía roja o no.

Estos implantes distractores son lo que nos distraen de lo que realmente está pasando. Una vez que los ubicas, puedes identificarlos como implantes distractores y preguntarte a ti mismo si quisieras seguir comprándote la mentira de que tienes un problema o hacer una pregunta para cambiar lo que está pasando. Los implantes distractores son la respuesta que te guían a un camino sin salida. Una respuesta desempodera, una pregunta empodera y abre la puerta a posibilidades diferentes.

La siguiente vez que algo se sienta pesado, pregunta si hay un implante distractor a cargo del espectáculo de tu vida en ese momento. Solamente di en tu cabeza "Todos los implantes distractores funcionando en este momento y todo lo que está debajo de ello, lo destruyo y lo descreo." Después usa el enunciado aclarador.

Acertado y equivocado, bueno y malo, POD y POC, todos los 9, cortos, chicos y más allás.

En primer lugar, tú estuviste de acuerdo y te alineaste y resististe y reaccionaste a ellos. Si puedes hacer eso, entonces también tienes la potencia de deshacerlos. Pregúntate a ti mismo:

¿Qué es realmente posible más allá de los implantes distractores?

¿De qué te estás distrayendo de ser y recibir con los implantes distractores?

¿Cuánta de tu potencia, del ser infinito que eres, del gozo y la facilidad estás escondiendo debajo de esos implantes para convencer-

te a ti mismo de que eres tan normal y real como has decidido que se
supone que tienes que ser?

¿Qué es posible para ti de ser y recibir que aún no has recono-
cido?

CAPÍTULO DIEZ

DEFENDIÉNDOTE A TI EN TU CASTILLO

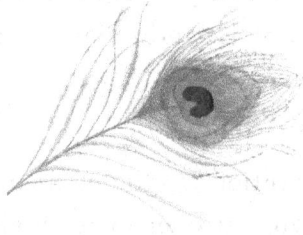

Defender puntos de vista y lo correcto e incorrecto de lo que las personas piensan y sienten es una parte importante de esta realidad. En la mayoría de las conversaciones te escuchas a ti mismo y a otros defendiendo su posición y su punto de vista. Peleas por tu derecho de lo que sea que has decidido que es verdad y real. No hay libertad al defender. Te mantiene en un constante estado de juicio y pelea. Te mantiene ocupado y te mantiene paranóico, esperando el ataque.

¿Qué posiciones estás defendiendo?

La posición de ser mujer, de ser hombre, de ser madre, de ser una buena persona, una mala persona, una persona pobre, una persona rica.

¿Qué has decidido que eres, que sigues defendiendo como si eso eventualmente te daría a ti mismo? Todo lo que eso es, por un dioszillón ¿lo destruyes y descreas?

Acertado y equivocado, bueno y malo, POD y POC, todos los 9, cortos, chicos y más allás.

A lo largo del tiempo he conocido a tantos clientes que me han dicho acerca de sus problemas, diciendo que quieren superarlo, sin embargo siguen defendiéndose una y otra vez, trayendo todo tipo de razones y justificaciones de porqué tienen problemas y porqué es difícil o por qué no es posible superarlos. Cuando algo así surge, estás defendiendo tus problemas.

¿Qué más estás defendiendo?

¿Qué la vida es difícil? ¿Que crear dinero con facilidad no es posible? ¿Qué tu cuerpo te duele al ir creciendo? Todas esas son posiciones a la defensiva.

En psicología aprendemos que la defensa es saludable y requerida. Hay teorías de todo tipo de sistemas de defensa y como pueden ser dañinas, pero también son síntomas de adaptación. Cuestiona esto ¿te gustaría adaptarte a esta realidad o te gustaría ser tú? A pesar de que no encaje con lo que es considerado normal en esta realidad. ¿Adaptación o la libertad de ser tú?

La libertad de ser tú no quiere decir que te van a poner en un loquero. De otra forma a estas alturas del partido ya estarías ahí. En lugar de eso trabaja ahí y cambia la realidad al ser tú más allá de la adaptación a esta realidad. ¿Cómo? Cuando estás siendo tú más allá de defender quién eres, entonces estás invitando al cambio en lugar de a la pelea. Cuando trabajo con mis clientes, todos están invitados a las posibilidades más allá de esta realidad sin estar forzados a cambiar. Esto es ser el catalista del cambio a un futuro diferente.

Lo que sea que estés defendiendo se convierte en una limitación que no puedes superar. Si has decidido que tienes que ir a trabajar cada día y que no tienes suficiente dinero, defenderás ese punto de vista diariamente, convenciéndote que estás en lo correcto en tu punto de vista. "Ves, de nuevo, más cuentas por pagar; ves, de nuevo, no gané la lotería; ves de nuevo, no me dieron el bono este año..." o lo que sea que es para ti.

Escanea a través de tu vida. ¿En dónde estás defendiendo tus limitaciones que te mantienen en el universo de la no elección? Todo lo que eso es, por un dioszillón ¿lo destruyes y descreas?

Acertado y equivocado, bueno y malo, POD y POC, todos los 9, cortos, chicos y más allás.

Lo que sea que defiendas elimina la elección y la posibilidad. Lo que sea que estés defendiendo no lo puedes cambiar. Si estás defendiendo tus problemas con tu cuerpo o el dinero o la depresión lo que se sea que hayas definido como tú problema, ya lo has creado como algo tan sólido, como si fuera una invención que estás defendiendo de ese problema, y con ello, manteniéndolo en su lugar, sin poder cambiarlo. Salir de la defensa te permite una posibilidad diferente. Así que sigue diciendo ese proceso.

No tienes que pasar tu vida entera y analizar todo lo que estás defendiendo, solamente puedes hacer esta pregunta:

¿Qué postura defensiva estoy eligiendo que realmente podría estar rehusando, que si la rehusara, me daría la libertad de mi?

Esto hará que surjan todos los lugares y áreas en donde estás a la defensiva, todo aquello de lo que estás consciente y todo de lo que no estás consciente, a todo a lo que le puedes poner palabras, y también todas las limitaciones que no puedes poner en palabras. Simplemente haz la pregunta y permite que la energía surja, que en automático será la defensividad que estás eligiendo en toda tu vida. Después simplemente dices:

Ahora lo destruyo y lo descreo.

Acertado y equivocado, bueno y malo, POD y POC, todos los 9, cortos, chicos y más allás.

Haz eso muchas veces, por un par de semanas, para que puedas quitar tantas capas como sea posible. Durante ese tiempo, más que nunca, estarás consciente de todos los lugares en donde estés eligiendo defender cualquier posición. En todo tipo de situaciones notarás en donde estás eligiendo defender. Una vez que estés consciente de ello, lo podrás cambiar. Así que no te juzgues sólo por notar todos los lugares en donde estás eligiendo la defensa.

¿Cuánto estás defendiendo que tienes un problema para que seas considerado normal, porque no tener problemas no es considerado normal o no es posible? Estás consciente que en este mundo las personas asumen que es normal tener un problema y si no tienes uno, creas uno para ser parte del equipo "normal." Veo esto todo el tiempo con mis clientes. Empiezan a mejorar y mejorar, empiezan a disfrutar vivir, todo empieza a mostrarse en la forma en la que siempre lo han pedido, y después cuando están a punto de explotar a algo mucho más grandioso, crea un problema de algún tipo para defender su posición de que uno tiene que tener un problema para que estén aún conectados a esta realidad normal. ¿Tienes que estar conectado a esta realidad? ¿O puedes estar consciente de ella, incluirla y crear tu propia realidad?

¿Estás tratando de ser normal al estar de malas y tener problemas? Ser normal es cuando no estás siendo feliz y estás contento todo el tiempo. Si estuvieras feliz y contento todo el tiempo, las personas te preguntarán si estás loco.

Ser normal es encajar en la desviación estándar, dos desviaciones estándar en el lado positivo y dos desviaciones estándar en el lado negativo. Ese es un modelo estadístico para la normalidad llamada la curva de bell.

El punto cero es en donde la mayoría de las personas están. Dos puntos, dos desviaciones estándar en el lado derecho indican que estás por arriba del promedio. Dos desviaciones estándar al lado izquierdo indican cuando estás por debajo del promedio. Si encajas en algún lado de esa escala, ya sea que estés por arriba del promedio de felicidad o por debajo del promedio de felicidad, todavía sigues siendo considerado normal. A muchas personas les gustan jugar ese juego. Si tuvieron un periodo en sus vidas en donde fueron felices por arriba del promedio, notaron que estaban en camino a salir de la escala, lo que ya no es normal para ellos. Así que crearon un problema, lo cual quiere decir brincar a la escala de promedio baja. Ahí es en donde crean un problema para compensar el éxito que acaban de tener. Lo mismo con el dinero y los negocios o cualquier otra cosa. Uno no puede ser demasiado exitoso, solo espera la caída, eso es lo que hemos aprendido.

¿Qué tal si pudiéramos estar fuera de la escala? ¿Qué tal que pudiéramos ser la desviación total en todas las áreas de tu vida?

¿Estás defendiéndote de tener una vida demasiado sencilla? Si estás sonriendo ahora, es obviamente cierto para ti. Tu cuerpo te lo está dejando saber. Los cuerpos están tan conscientes. Probablemente no estarías leyendo este libro si no te interesara y estuvieras pidiendo más facilidad.

Las personas crean problemas al defenderse del pasado y en ese sentido están creando su propio futuro. Cada vez que dices algo como "la última vez que estuve en esta situación no tuve buenos resultados" o "en mi relación previa me fueron infiel, así que tengo problemas para confiar en las personas", defiendes el pasado para crear

Las personas crean problemas al defenderse del pasado y en ese sentido están creando su propio futuro. Cada vez que dices algo como "la última vez que estuve en esta situación no tuve buenos resultados" o "en mi relación previa me fueron infiel, así que tengo problemas para confiar en las personas", defiendes el pasado para crear el futuro. Nada diferente o más grandioso puede ser creado que el pasado que estás tratando de superar.

¿Cuánto estás tratando de demostrar qué tan bueno eres y que no lastimarías a nadie? ¿Cuánto de tu tiempo y energía estás usando para sonreír y censurar lo que estás diciendo y haciendo para demostrar que eres un buen ser humano? Eso es defenderte en contra de lo malo y despiadado. ¿Realmente eres malo y despiadado o de alguna manera has decidido que si las personas descubrieran qué tan raro eres realmente, ellos correrían gritando y estarías completamente solo? ¿No es tiempo de dejar ir ese punto de vista loco? ¿Destruyes y descreas todo eso? Gracias.

Acertado y equivocado, bueno y malo, POD y POC, todos los 9, cortos, chicos y más allás.

He conocido a muchas personas que han defendido su locura, porque ellos lo han elegido. Les puedes preguntar acerca de su infancia y encontrarás todo tipo de cosas que suenan a las probables causas de porqué son como son. ¿Esto es realmente relevante? Todas las razones y las supuestamente llamadas causas son las razones y justificaciones que defienden el punto de vista que las personas no tienen la potencia de elegir algo diferente. Las personas que eligen esas locuras y problemas lo hacen así porque funciona para ellos de alguna manera. Crea un lugar en donde saben quien son; tiene un valor que funciona para ellos. No hay nada de malo en ello. Es solo una elección.

Tuve un paciente que me dijo después de un par de sesiones cuánto más feliz era ahora y que está consciente de todo tipo de posibilidades para ella y para su futuro y que ella está inspirada a trabajar y hacer lo que siempre había querido hacer. Su vida empezó a expandirse muy rápidamente. Justo cuando iba a instituirse en su nueva realidad eligió deprimirse y empezó a estar enojada conmigo. Hablamos al respecto y pudo ver que ella había inventado la depresión y el enojo para comprobarme a mí y a ella misma que ella no podía hacerlo. Tuvo la claridad que ella estaba defendiendo su depresión y enfermedad mental. Al tener consciencia de ello, ya no pudo seguir negando que tenía elección.

En psiquiatría conocí muchos pacientes que elegían estar locos. Usualmente venían solamente para una sesión y nunca regresaron. ¿Por qué? Porque ellos saben que estoy abriendo una puerta a donde saben que tienen elección, y donde no podrán ya seguir negando que su locura y sus problemas son su creación y que en lugar de ello preferirían continuar siendo locos. De nuevo, eso es solo una elección.

¿Qué tal si pudieras salir de defender tus puntos de vista y tus juicios? ¿Cuánta más libertad tendrías? ¿Preferirías estar en lo correcto o ser libre?

¿Preferirías estar en lo correcto y tener credibilidad en esta realidad o preferirías la libertad de ser tú, a pesar de que perderías el poder pertenecer? ¿Con cuánta facilidad podrías crear lo que realmente deseas? ¿Qué estás eligiendo?

Capítulo Once

Tus trastornos en realidad son superpoderes

A través de los años de conocer a muchas personas con TOC (trastorno obsesivo compulsivo) y TDAH (trastorno por déficit de atención e hiperactividad) y autismo, psicosis y bipolaridad, pronto me di cuenta que el antiguo paradigma de considerar estos diagnósticos una discapacidad no funcionaba. De hecho me enfermaba tener que buscar por lo incorrecto en las personas que conocía. No me hacía ningún sentido. Conocía a estas personas cuyo genio era notable y la perspectiva que me daban en mi educación era buscar lo que no estaba funcionando. Me preguntaba cómo esas personas podían ser consideradas discapacitadas. Su creatividad hacía cada examen de inteligencia mediocre en comparación.

Como psicóloga hago muchas pruebas neuropsicológicas para obtener más información y para descubrir el diagnóstico. Estas pruebas son estandarizadas que describen lo que es normal, lo cual quiere decir desde dónde la mayoría de la población funciona, y describen lo que está fuera del rango de la normalidad. Las pruebas son un montón de preguntas que las personas se supone que tienen que responder, y si responden de acuerdo a lo que es considerado correcto entonces reciben una puntuación, de otra manera no la reciben.

Trabajar con personas con TOC, autismo y TDAH ha sido fascinante de ver qué respuestas creativas y maravillosas responden en las preguntas de las pruebas. Sin embargo hay pocos puntos para respuestas brillantes y graciosas. ¿Por qué? Porque no encajan en la norma de lo que es considerado el resultado correcto. Pero estas personas tienen mi aprobación por creatividad y gracia.

Estas personas son tan diferentes, que en esta realidad su diferencia sólo puede ser explicada al considerarlos discapacitados. No encajan en los estándares de lo correcto, lo cual quiere decir que tienen desviación de lo que es normal. Su diferencia no hace sentido a las personas "normales". No es suficientemente lógico. Así que la conclusión es: Tiene que haber algo malo.

Las personas con este diagnóstico aprenden a temprana edad que hay algo malo en ellos y que tendrían que aprender a cómo encajar de la mejor manera posible. Hoy es bastante común para ellos recibir medicamentos para quitar lo que se dice son sus síntomas y hacer que encajen en esta realidad. Cada vez que conozco a alguien que recibió medicamento para sus síntomas, eran más infelices que antes. Ya no tenían un sentido de sí mismos. Dijeron que era como estar en una burbuja de la cual no podían salir.

Ser reconocido por tu grandeza y darte cuenta que lo que es llamado un síntoma es realmente una posibilidad, lo cual hizo que la mayoría de mis pacientes dejaran de medicarse y aprendieran a usar sus diferencias para su ventaja.

Por ejemplo, un joven fue diagnosticado con TDAH y TOC por tener todo tipo de rituales los cuales tenía que hacer en cierto orden cada día, durante todo el día, para mantenerse calmado. Le tomaba años ir a algún lado porque le tomaba mucho tiempo completar todos sus rituales antes de salir. Estaba muy afectado por esto y su familia estaba desesperanzada. No sabían qué hacer.

Me reuní con él y me dijo todas las formas en las que él estaba mal. Dijo que no podría hacer nada con su vida. Apenas podía salir de la casa con todos los rituales como lavar sus manos diez veces y caminar por la casa en cierto orden y poner su ropa en cierto orden. Si hacía algo apenas un poco diferente o lo interrumpían, tenía que volver a hacer todo hasta que fuera perfecto.

Además de ello era hiperactivo. Recibió medicamentos y pronto se dió cuenta que no los necesitaba. Me dijo que se sintió tan empoderado y se dio cuenta de que tan maravilloso era y que tiene mucha más potencia que todas esas pastillas. Resultó ser una de las personas más graciosas y creativas que he conocido. Empezó una nueva educación en la universidad y ahora trabaja con niños. Trabajar en ese ambiente con la intensidad y paso rápido, es igual a su energía, y él es feliz.

¿Cómo cambió de estar preocupado a crear esto en su vida?

Al reconocer lo que verdaderamente es. Al dejar de comprarse la mentira que hay algo de malo en él. Al dejar de invitarse a sí mismo a saber lo que sabe. Al recibir la información que él necesitaba y aprender las herramientas para usar sus superpoderes para su ventaja.

Reconocer quien eres realmente y de lo que eres capaz funciona como magia. Superar lo incorrecto de ti y darte cuenta que eres mucho más que el desastre que pensaste que eras es donde te permite abrir la puerta a una posibilidad totalmente diferente. Así es como trabajo con mis clientes; percibo y sé lo que son y de lo que son capaces más allá de lo incorrecto que hacen real.

Imagina estar en la presencia de alguien que no te juzga y que no tiene punto de vista acerca de ti o de que tengas que cambiar de alguna manera. Alguien que está consciente del tú que no has elegido aún ser. ¿Notas cuánto te relaja esto y a tu cuerpo? Es como estar en la naturaleza donde los árboles y el océano están ahí para contribuirte a ti y a tu cuerpo, sin tener punto de vista de que tendrías que ser diferente.

¿Qué tal si pudieras ser eso para ti?

¿Qué energía, espacio y consciencia pueden ser tu cuerpo y tú que te permita ser el espacio nutritivo, cariñoso que tú y tu cuerpo en verdad son?

Todo lo que no permita que eso se muestre ¿lo destruyes y descreas, por un dioszillón?

Acertado y equivocado, bueno y malo, POD y POC, todos los 9, cortos, chicos y más allá.

Repite este proceso un par de veces para recordarte del espacio que es posible para que tú seas y recibas.

¿Qué es el TDAH?

El trastorno por déficit de atención e hiperactividad) es un conjunto de implantes que crean lo que se llaman síntomas de TDAH, la hiperactividad y el déficit de atención.

Los implantes son todas las cosas con las que tú estuviste de acuerdo y te alineaste y resististe y reaccionaste que crean todos los puntos de vista implantados y limitaciones. Estos implantes se pueden quitar fácilmente si y sólo si, la persona elige deshacerse de ellos. Puedes usar el enunciado aclarador para ello.

Si la persona prefiere aferrarse a esas limitaciones porque proveen una ganancia secundaria porque otros cuidan de ellos, o las expectativas de otras personas son menores, estos implantes no pueden ser eliminados. Es una elección que la persona tiene que tomar.

La posibilidad que está disponible más allá de los implantes es de recibir completamente las capacidades que el TDAH ofrece. Las personas con este diagnóstico tienen un potencial enorme de estar conscientes y tener muchos proyectos al mismo tiempo, y manejarlos todos con facilidad. He tenido muchos pacientes con TDAH que han tenido uno o más negocios y los han creado brillantemente y enorme creatividad. Para el mantenimiento de su negocio, por ejemplo, la contabilidad, requieren empleados. Estar consciente de la energía generativa y creativa que el TDAH permite, te invita a serlo y a usarlo para tu ventaja. Ten consciencia de lo que es divertido para ti y a quién puedes agregar a tu vida para cuidar de las cosas con las que no te diviertes o no son fáciles para ti.

Muchas personas con TDAH tienen un "preocupón" en su familia o entre sus amigos. Están conscientes de la preocupación y piensan que es suya. Uno de mis pacientes tenía una madre que se preocupaba por él excesivamente. Sufría de hipocondría, pero cuando se hizo consciente de que su preocupación constante acerca de estar enfermo realmente era la preocupación de su madre, la hipocondría se fue.

Una sugerencia que las personas con TDAH reciben es que tendrían que hacer una cosa a la vez y terminar un proyecto antes de que empiecen otro. Eso en realidad no funciona. Sé esto por los muchos pacientes que he atendido con TDAH. Lo que funciona es tener tanto como sea posible, pasando al mismo tiempo. Eso empata lo que es generativo, la energía creativa que estas personas tienen. Entre más cosas tienen pasando al mismo tiempo, más relajados se sienten. Cuando dejas ir el punto de vista de que puede ser demasiado para ti, entonces puedes recibir lo que es posible para ti. Tu punto de vista crea tu realidad.

Tener la TV o música y al mismo tiempo Facebook y los correos electrónicos mientras están haciendo tarea o escribiendo un reporte, y tomar un descanso para comer o para hablar con un amigo funciona mejor para personas con TDAH. Sin embargo eso es considerado incorrecto en esta realidad. Tendrías que hacer una cosa a la vez y no tener demasiadas cosas pasando al mismo tiempo, sino te vas a estresar. ¿Eso es verdad realmente? ¿Eso te hace sentir más ligero? Pregunta ¿esto funciona para ti? ¿qué es lo que tú sabes? ¿Qué tal que lo que tú sabes y de lo que eres capaz está más allá de esta realidad?

¿Qué es TOC?

TOC o trastorno obsesivo compulsivo, es una consciencia increíble y la defensa en contra de la facilidad del espacio de percibir los pensamientos, sentimientos y emociones de otras personas. No comprarte los pensamientos, sentimientos y emociones como si fueran tuyos y no tener un punto de vista al respecto, o tratar de hacer algo con ellos, te permitiría tener facilidad con ello. Defenderte en contra de tu consciencia crea una contracción. El punto de vista que muchas personas tienen es que tienen que protegerse a sí mismos de toda la información que reciben. Las personas hacen mucho para saber menos.

TOC es acerca de tener rituales y rutinas que se tienen que hacer y si se hacen incorrectamente, tienen que volver a ser hechos hasta que la rutina y el ritual se haga perfectamente. Es ocuparte en hacer ciertas cosas para evitar estar consciente. No tienes que tener un diagnóstico de TOC para saber de lo que estoy hablando. ¿Cuántas listas de cosas por hacer has creado cada día para evitar ser y recibir lo que realmente es posible para ti?

¿Qué tal si el TOC no es una discapacidad, sino una capacidad de estar intensamente consciente de esta realidad? Esto quizá pudiera resultar en la habilidad de estar consciente de lo que está pasando en los universos, pensamientos, sentimientos y emociones de otras personas. No estar consciente de los estímulos que estas personas absorben crea un sentimiento de estar abrumado. Para poder funcionar en esta realidad, crean una estrategia para sobrevivir al lidiar con todo aquello de lo que están conscientes.

En esta realidad, no se nos enseña a solo recibir la información y a estar en permisión de ello. Tenemos que encontrarle sentido a la información a nuestro alrededor. Tenemos que crear una opinión, un punto de vista, entenderlo, juzgar lo que es correcto e incorrecto, y tener conclusiones. Las personas con TOC están muy conscientes de esto. Su forma de funcionar en esta realidad, su forma de lidiar con toda la información que están recibiendo, es hacer lo que todos los demás están haciendo en esta realidad. Encuentran una forma de juzgar lo que es requerido para hacer todo lo que hay que hacer para que todo resulte bien. Los rituales, la rigidez que es observada en las personas que tienen el diagnóstico de TOC son un intento de asegurar que todo el caos está resuelto y de asegurar que todo está seguro. Su punto de vista es asegurarse de hacer bien el ritual, asegurarse que todo está bien, y que nadie salga lastimado.

Las personas con TOC están extremadamente conscientes. Reciben los pensamientos, sentimientos y emociones de los demás incluso si estas personas están físicamente lejos de ellos. Se compran estos pensamientos, sentimientos y emociones como su fueran suyos, pensando que todo aquello de lo que están conscientes aplica para ellos. Imagina cuánta información es esa y qué se crea cuando haces que todo sea relevante para ti. Buscarías una forma de encontrarle sentido a todo y encontrarías una forma de lidiar con toda esa información.

Una herramienta que puedes usar cuando te "sientas" abrumado es hacerte esta pregunta:

¿Realmente esto es relevante para mí?

Solo porque recibes la información de tu alrededor no quiere decir que todo sea relevante para ti. Es como si estuvieras viendo la televisión y estuvieras tratando de encontrarle el sentido a todas las palabras que cada persona dice en cada canal. Solo es información, y la mayoría de ello no tiene nada que ver contigo. Otra herramienta que es muy útil es la pregunta:

¿A quién le pertenece esto?

Para cada cosa que sea pesada y que, cuando hagas esta pregunta, se vuelva ligera, esa es una indicación de que eso no es tuyo. Cuando no se aligera, pregunta " ¿cree esto como mío?" Si te llega que si, entonces di:

Todo lo que eso es, todos los lugares en donde he creado esto como mío, lo destruyo y lo descreo, por un dioszillón.

Acertado y equivocado, bueno y malo, POD y POC, todos los 9, cortos, chicos y más allás.

Una de mis pacientes que había estado deprimida por muchos años había probado todo tipo de medicamentos y todo tipo de terapia, y nada podía cambiar su depresión. Ella había dejado de hablar y era obvio que estaba muriendo. Estaba trabajando con ella y un día vino y me miró con una sonrisa. Esta mujer no había sonreído en años. Me miró y me dijo "estoy contenta hoy, vine de casa y me di cuenta que las cosas que están en mi cabeza y las cosas que me hacen sentir pesada no tienen nada que ver conmigo. No son yo; nunca han sido mías." Desde ese día en adelante, la mujer empezó a crear su vida como nunca antes. Ella tenía todo tipo de planes de lo que quería explorar y hacer.

Todo por esa pequeña pregunta.

Hacer esta pregunta te permite cada vez más, estar consciente del espacio que eres y serlo, sin importar dónde o con quién estás. Ya no tienes que elegir tu estrategia de salida de establecerte en una isla solitaria o meditar en una cueva por 20 años para tener paz. Puedes tenerlo ahora en medio de la ciudad más loca y ruidosa. Y tú, siendo este espacio, cambias a las personas a tu alrededor. Al convertirte en este espacio de facilidad y paz, siendo tú, las personas alrededor de ti ya no pueden aferrarse a su locura tanto como lo hacían cuando tú jugabas a la locura con ellos. Oh la felicidad. Imagina que mundo tan diferente podemos crear todos.

¿Qué estás haciendo para no estar consciente? ¿En qué te estás ocupando para evitar ser, saber, percibir y recibir? ¿Qué es realmente posible para ti y para tu vida con tu consciencia que aún no has reconocido?

Estar consciente es estar recibiendo información de todo y de todos. Eso no siempre es cómodo. Estás consciente de la felicidad y de la tristeza y de todo lo demás desde donde están funcionando las personas. La posibilidad de estar consciente y de darte cuenta es que puedes tenerlo todo con facilidad. Puedes recibir toda la información y usarla a tu ventaja para crear tu vida. ¿Cómo? Al dejar de pretender que hay algo malo contigo. Reconocer que no hay nada malo y que la información que estás recibiendo es solo un interesante punto de vista.

¿Preferirías caminar con una venda en los ojos en el mundo, evitando lo que sabes y esperando a que lo hagas bien algún día, o preferirías abrir los ojos y recibir la información para saber a dónde ir y generar una posibilidad más grandiosa para ti?

¿Qué es autismo?

En este mundo hay muchos malentendidos y falta de información acerca del autismo. El autismo es considerado una discapacidad en esta realidad. El punto de vista es que hay algo malo en las personas autistas.

¿Qué tal si no hay nada de malo en ellos?

Trabajar con personas autistas cambió todo lo que había aprendido durante mis años escolares de arriba abajo. Estaba sorprendida de la falta de información y de la información incorrecta que me habían enseñado. Lo que encontré en mi trabajo con las personas autistas es la posibilidad y la contribución que las personas autistas son en este mundo. Realmente son diferentes. Ser diferente no es considerado un rasgo valioso en esta realidad. Ser autista quiere decir ser extremadamente diferente en la forma de funcionar. Quiere decir estar extremadamente consciente de todo y de todos alrededor de ti, todo el tiempo.

Las personas "normales" usualmente tienen sus barreras y sus defensas arriba. El punto de vista es que los protege de lo que está pasando a su alrededor. Los hace estar a salvo y les da una sensación de sí mismos. Las personas con autismo no las tienen.

Haciendo preguntas y explorando qué más es posible, encontré que la necesidad de tener defensas es una forma de encarar la vida que no funciona tan bien. No crea un cambio y tampoco mejora las cosas. Defender te mantiene en un constante estado de alerta frente a un posible un ataque o en modo pelea. Cuando algo no funciona, lo considero y hago preguntas para recibir más información para saber qué más es posible que funcionará mucho mejor. Eso es ser pragmático (¡oh! ¡espera un segundo! ¡este libro se titula *psicología pragmática*!).

El tener defensas establecidas nos da menos de nosotros mismos. Crea el punto de vista que es posible ser afectado negativamente por otras personas y crea la necesidad de estar defendiendo constantemente nuestro territorio y espacio personal.

¿Cuánto estás defendiendo tu espacio personal todo el tiempo, como si se requiriera para que estés a salvo y en paz? ¿Qué tan bien está funcionando esto para ti? ¿Y cuánto de esto te hace sentir triste y solo y no estar conectado con otras personas, con la tierra, con la naturaleza y con tu cuerpo? ¿Considerarías una posibilidad diferente?

Todas las necesidades y barreras y defensas y todos los puntos de vista que has creado que atoran esto en su lugar, y todo con lo que te has alineado y estado de acuerdo y resistido y reaccionado ¿lo destruyes y descreas? Gracias.

Acertado y equivocado, bueno y malo, POD y POC, todos los 9, cortos, chicos y más allás.

Bajar tus barreras te permite recibir todo y estar conectado a todo. Cuando cambié mi punto de vista y dejé ir mi necesidad de tener barreras y me permití a mí misma ser vulnerable, toda mi vida cambió. Vi cuánta potencia hay en tener mis barreras abajo. Tenía acceso a más de mí que nunca antes.

Cuando trabajo con cantantes, actores y personas que desean tener su voz y que sea escuchada, a menudo practicamos bajar las barreras para lograr una mejor conexión con la audiencia. Al permitir que otros vean y experimenten su regalo, su regalo es mejor recibido. Su voz cambia instantáneamente sin aprender ninguna técnica. Están presentes como ellos mismos y todos y todo puede darles un regalo. Esta es una contribución que crea una posibilidad diferente para el mundo,

Trabajé con una mujer que dijo que ella tenía miedo de hablar en público. Pasó al escenario en uno de mis talleres y lo primero que le pedí es que bajara sus barreras. Lo hizo y explotó en risa y gozo total. Le pregunté de qué se había dado cuenta y dijo "oh por Dios, siempre me había pensado que tenía miedo de ser vista y había escuchado que quería esconderme del mundo y ahora me doy cuenta que todo eso es una mentira y que me encanta hablar. Y lo pensé que era miedo era en realidad entusiasmo y el gozo de ser vista y escuchada."

La mujer me dijo después que fue a un espectáculo de moda grande y habló frente a una audiencia gigante y lo disfrutó y le permitió que eso cambiara su mundo. Todo esto resultó de bajar sus barreras y permitirse a sí misma recibirse.

¿Qué podrías descubrir de ti, bajando tus barreras y recibiéndote?

Todo lo que no te permita ser, saber, percibir y recibir eso en totalidad ¿lo destruyes y descreas? Gracias.

Acertado y equivocado, bueno y malo, POD y POC, todos los 9, cortos, chicos y más allá.

Estar conectado a todo y a todos te permite recibir toda la información que requieres, todo el tiempo. Tener tus barreras abajo contribuye a la energía que tu cuerpo requiere. Recibir todo crea el espacio donde tu cuerpo requiere dormir menos y comer menos. Las personas piensan que la energía viene principalmente del alimento y de dormir. ¿En serio? ¿Cuántas veces has dormido y comido mucho y todavía estabas cansado? ¿Cuántas veces has comido y después te sientes más cansado? ¿Qué tan a menudo has forzado a tu cuerpo a dormir, teniendo el punto de vista que eso es lo que se necesitaba para poder tener la energía que requerías para poder seguir adelante?

Todo lo que eso es y todos los puntos de vista que tengas acerca de la necesidad de dormir y de comer, que pasan por encima de tu consciencia, ¿lo destruyes y descreas todo? Gracias.

Acertado y equivocado, bueno y malo, POD y POC, todos los 9, cortos, chicos y más allá.

Dejar ir todos esos puntos de vista te permite hacer preguntas que te dan la información acerca de lo que tú y tu cuerpo realmente requieren. "Cuerpo ¿quieres comer ahora? cuerpo ¿qué quisieras comer? ¿cuánto?" Tu cuerpo te dará la información acerca de lo que requiere y cuándo. Tu cuerpo te habla todo el tiempo. Una vez que empiezas a hacerle preguntas, y empiezas a escuchar, te será más fácil escuchar lo que te dice.

Tener tus barreras abajo te permite ser la magia que
en verdad eres. Te permite ser y recibir infinitamente.
¿Cuánta de tu abundancia financiera estás disminuyendo
con las barreras que estás subiendo para recibir? ¿Estás
consciente de las barreras que has subido y no sabes qué
dejar pasar? Te están protegiendo de todo, incluso del dinero. Ellas no saben que su trabajo es dejar que todo el dinero
que deseas, entre a tu vida.

Todo lo que eso es ¿lo destruyes y descreas? Gracias.

*Acertado y equivocado, bueno y malo, POD y POC, todos los 9,
cortos, chicos y más allás.*

¿Estás empezado a percibir lo que las barreras han
creado en tu vida? Están basadas en la mentira de que las
necesitas. Pregunta ¿eso es verdad? ¿ese punto de vista te
hace sentir más ligero? ¿crea más en tu vida o menos?

Ser vulnerable no es algo "incorrecto." Es una "fortaleza." Es ser y recibir todo sin tener punto de vista que
nada ni nadie te puede lastimar. Es como ser un malva-
visco. Todo rebota. Tener las barreras arriba quiere decir
que siempre hay algo contra lo cual pelear, y eso requiere
de mucha energía. No hay nada que te pueda lastimar, a
menos que tengas el punto de vista que te puede lastimar.
De nuevo, tu punto de vista crea tu realidad.

Ser vulnerable y recibir todo no quiere decir que te
guardes las cosas o que tengas que aferrarte a ellas, traerlas
contigo y guardarlas en tu cuerpo. Quiere decir que estás
consciente de ellas y que las dejas pasar a través de ti, como
al viento.

¿Qué tiene que ver todo esto con el autismo?

La consciencia de las barreras te da una perspectiva
diferente de cómo funcionan las personas autistas. Te invi-

ta a un punto de vista diferente en donde estar consciente de todo, todo el tiempo, no es algo "incorrecto" sino una "fortaleza."

Ser autista es acerca de no tener filtros y barreras y darse cuenta de toda la información y la consciencia. Es parecido a no tener piel. Está todo ahí, y todo al mismo tiempo.

El punto de vista común es que las personas autistas tienen una falta de emociones y sentimientos y que eso es una discapacidad.

¿Cuánto más puedes ser y recibir cuando no estás pensando y sintiendo y teniendo emociones?

Los pensamientos, sentimientos y emociones están basados en la polaridad, en lo bueno y malo, en lo correcto e incorrecto. Siempre estás en un polo o en el otro y nunca tienes la libertad de ser.

¿Estás dispuesto a descubrir quién eres más allá de los pensamientos, sentimientos y emociones? Es una gran aventura. Es el lugar donde tienes elección, verdadera elección.

Si esto es un "sí" para ti, entonces usa este proceso tan frecuentemente como puedas:

¿Qué invención estoy usando para crear los pensamientos, sentimientos y emociones y molestia que estoy eligiendo?

Todo lo que eso es ¿lo destruyes y descreas todo? Gracias.

Acertado y equivocado, bueno y malo, POD y POC, todos los 9, cortos, chicos y más allás.

Las personas autistas perciben todo, todo el tiempo, lo cual quiere decir que reciben la información, pensamientos, sentimientos, emociones todo el tiempo y todo lo que se dice y no se dice verbalmente.

Tengo un amigo que trabajó con una madre y su hijo autista y estaban sentados en la sala cuando el niño volteó a ver el refrigerador y, sin palabras, le hizo saber a la madre que él quería jugo de naranja. La madre recibió la información y cuando iba rumbo al refrigerador, ella preguntó, con palabras, si él quería jugo de naranja, el niño empezó a gritar. Mi amiga le preguntó a la madre "¿tu hijo está frustrado en este momento porque sabe que tú ya sabes lo que él quiere y le hiciste una pregunta de algo que tú ya sabes?" "Sí", fue de la toma de consciencia. La pregunta de su madre hizo que el niño se frustrara, al ella hacerse más pequeña pretendiendo no saber lo que sabía.

Ese es un ejemplo de cómo las personas autistas funcionan. Se comunican con palabras y sin palabras. Las palabras no son una necesidad en su mundo, y ellos saben que tú sabes, y saben que tú te estás haciendo más pequeño y más estúpido de lo que eres, lo cual causa muchos de sus frustraciones y berrinches.

Es gracioso como lo que parece berrinche y molestia con las personas autistas no es respecto a algo que esté mal, sino una forma de decirte algo, una información acerca de una posibilidad. ¿Qué tal si dejamos ir la percepción de que algo está mal y recibimos la posibilidad que escondemos tras ella?

Se dice que el autismo quiere decir que hay una discapacidad con la comunicación. ¿Qué tan incorrecto es ese punto de vista?

Todos nos comunicamos con y sin palabras. ¿Cuántas veces has sabido quién estaba llamando por teléfono antes de que respondieras o vieras el número en la pantalla? Cuando estás pensando en una persona ¿cuántas veces esa persona está pensando en ti y requiere algo de ti y tú has concluido que eres tú quien está pensando en esa persona?

Sabemos mucho más de lo que pensamos. Pensar es solo una forma menor del saber. Saber es más rápido y veloz. Estar con personas autistas es una forma fantástica y genial para practicar tu saber y la comunicación más allá de la necesidad de las palabras.

Juego con eso todo el tiempo en mi oficina. Tengo un examen psicológico que uso con mis pacientes. Jugamos con él. No se supone que tengas que jugar con él, se supone que tiene que ser algo muy serio, pero eso no funciona para mi. Me encanta usarlo para empoderar a las personas a que sepan que saben. Este examen es como un acertijo; hay una imagen en donde una pieza hace falta y hay cinco respuestas de las cuales tienes que elegir una y una de ellas es la pieza que hace falta en la imagen.

Primero, le pregunto al cliente cuál es la pieza correcta, es decir, les pido que usen su cerebro y piensen y resuelvan la respuesta correcta. Después, les pregunto cómo funciona eso para ellos y la respuesta usualmente es que fue un trabajo difícil o que les dolió la cabeza o los ojos al concentrarse en la imagen y tratar de encontrar la respuesta correcta. Después lo hacemos de nuevo con otro acertijo. En esta ocasión le pido al cliente que no piense y use su saber y le pregunte al acertijo cuál es la pieza correcta y que hace falta.

Lo que resulta es que la mayoría del tiempo la respuesta del cliente da es la correcta y el cliente se sorprende de cuán rápido y fácil fue. Dicen que su cerebro les estaba diciendo que no podía ser así de fácil y rápido, y se supone que tenían que pensar más para dar la respuesta correcta. Lo que aprendieron es que pueden confiar en su consciencia. Después lo hacemos una vez más y de nuevo le pido a mi cliente que siga su saber, y les digo que yo tengo la respuesta correcta en mi cabeza y que sólo requieren sacarla de ahí. Esa es una forma muy divertida de explorar cómo es que alguien perciba los pensamientos de alguien más. Y funciona.

Así que ¿qué capacidades de saber y percibir los pensamientos, sentimientos y emociones tienes que aún no has reconocido?

Todo lo que no te permita ser, saber, percibir y recibir eso ¿lo destruyes y descreas?

Acertado y equivocado, bueno y malo, POD y POC, todos los 9, cortos, chicos y más allás.

Permitirte saber ayuda mucho cuando te estás comunicando con personas autistas. Crea mucha facilidad y paz en su universo al dejar de pretender ser más estúpido de lo que en verdad eres.

¿Qué tal si pudieras tomar todo aquello de lo que estás consciente y usarlo como una contribución para tu vida y tu cuerpo? ¿Cuánta más facilidad crearía eso en tu vida?

Una madre con la que había trabajado tiene un hijo autista y ella se quejaba del hecho de que por las mañanas, no estaba listo a tiempo. Ella usaba todas las estrategias que había encontrado para manipularlo a que estuviera listo, pero él se rehusaba. Me pidió ayuda, así que le dije que enviara, telepáticamente, imágenes a su hijo como una presentación rápida, de lo que ella quería que él hiciera y de cómo iba a ser su día. Ella nunca había hecho tal cosa y no sabía acerca de la comunicación telepática, así que pensó que por lo menos lo podría intentar.

Al no tener nada que perder y sin saber realmente cómo hacerlo, en su cabeza sólo vio imágenes de cómo el día iba a pasar y le dio a su hijo la descarga de eso. La mujer estaba sorprendida más allá de lo que podía imaginar de lo bien que había funcionado eso. Su hijo se relajó y estaba listo justo a tiempo a la hora en que tenían que irse. Se continuaron comunicando de esta forma y su relación mejoró dinámicamente.

Las personas autistas tienen capacidades fantásticas más allá de lo que esta realidad puede captar o entender. Funcionan más allá de la norma y mucho más allá de la escala de lo que nosotros consideramos normal, y son tan diferentes que la única forma de que esto nos haga sentido es decir que un autista es un discapacitado.

Eso aplica también para la gente con TDAH, TOC y otros dizque diagnósticos. Todos estos diagnósticos son una mutación de la especie hacia una forma de funcionar diferente que no hace sentido, y las personas quieren entender, resolver y explicar lo que no pueden entender, y que todo lo que sea diferente tiene que estar mal. Interesante punto de vista. ¿Por qué la diferencia tiene que ser algo malo?

¿Qué diferencia eres y haz juzgado, que si la fueras, cambiaría tu vida entera?

Todo lo que eso es ¿lo destruyes y descreas todo? Gracias. Acertado y equivocado, bueno y malo, POD y POC, todos los 9, cortos, chicos y más allás.

Estoy escribiendo mucho del autismo ya que es uno de los fenómenos menos entendidos en psicología, aparte de la esquizofrenia y la psicosis. Así que, qué tal que en lugar de etiquetarlo como algo "incorrecto", lo consideramos de nuevo y preguntamos "¿qué es posible realmente aquí? ¿qué podemos aprender aquí que no hemos reconocido?"

Las personas autistas no funcionan desde los pensamientos, sentimientos y emociones. Estos no hacen sentido para ellos. Pensar, sentir y tener emociones son los armónicos bajos de ser, saber, percibir y recibir. Pensar, sentir y tener emociones es la versión contraída de ser, recibir, saber y percibir ya que están basadas en la polaridad. Siempre hay un lado positivo y un lado negativo. Este no es el caso con ser, saber, recibir y percibir. No están basados en la polaridad. Es la forma expansiva en la que podemos operar.

En esta realidad hemos aprendido que hay un gran valor en pensar, sentir y tener emociones. Interesante, ¿no es exactamente eso lo que nos causa problemas y nos mantiene atorados en un constante estado de sufrimiento? Es muy fácil ir más allá del pensar, sentir y tener emociones y funcionar desde el ser, recibir, percibir y saber. Es más rápido y hace nuestras vidas mucho más fáciles ya que dejas de estar al efecto de la polaridad, de lo bueno y de lo malo. Lo bueno y lo malo deja de ser relevante y todo es sólo un interesante punto de vista y tienes elección.

Para las personas autistas es muy doloroso ser forzado a funcionar desde los armónicos bajos de pensamiento, sentimiento y emoción. Es como forzar a una gran pelota redonda dentro de una caja pequeña, cuadrada. Su forma de funcionar desde el ser, saber, percibir y recibir los hace estar extremadamente conscientes de los puntos de vista de los demás. Están muy conscientes de toda la información a su alrededor, todo el tiempo.

No les preguntes a las personas autistas cómo se sienten. Si les preguntas eso, ellos entrarán percibir los sentimientos de todas las personas alrededor de ellos para saber cómo es que se tienen que sentir. Pregúntales de qué están conscientes. Cuando notes que ellos están contraídos y molestos, pregúntales "¿a quién le pertenece eso? ¿es tuyo?"

Hacer esas preguntas crea una gran relajación para ellos ya que se empoderan a saber que están conscientes y que aquello de lo que están conscientes, no tiene nada que ver con ellos.

Este no es el único caso para los autistas. ¿Cuántos puntos de vista y problemas que cargas sobre los hombros cada día, no son tuyos?

¿Estarías dispuesto a dejar ir todo lo que no es tuyo y regresarlo a quien le corresponda, sin tener que saber a quién le corresponde? Gracias.

Estaba trabajando con un jovencito con Asperger, un tipo de autismo, y en cuanto aplicó la herramienta de preguntar "¿a quién le pertenece esto?" y "¿esto es mío?" por cada pensamiento, sentimiento y emoción que pensaba que era suyo, todo su mundo cambió. Me habló de cuánta libertad había creado eso para él y de que se había dado cuenta qué tan diferente era él, y que no había nada de malo en él, y de que su forma de ser, era grandiosa.

Me dijo que se había dado cuenta de que las personas "normales" creaban muchos problemas con su pensamiento y sentimiento y dándole tanta importancia a todo. Quizá él no siempre sepa lo que es apropiado socialmente, pero ahora que ya no tiene que juzgarse a sí mismo cuando nota que las personas están molestas, simplemente pregunta "¿cómo estás? ¿qué pasa? ¿puedo ayudarte de alguna forma?" La mayoría de las veces eso le quita el aire a las velas del enojo de las personas.

Dijo que a menudo se sentía como un extraterrestre, sin entender el por qué del alboroto en la mayoría de las personas ni la razón por la que las personas reaccionan de determinadas formas, pero ya no le molestaba. Ahora se siente bien consigo mismo y sabe que es una contribución al mundo sólo siendo quien es.

Eso es lo que hace mi trabajo tan divertido.

El autismo es un nivel de consciencia que no puedes apagar, y al mismo tiempo tratas de encontrar una forma de vivir con la locura de las personas a tu alrededor que sí apagan su consciencia. Las personas autistas no tienen un botón de apagado. Apagar su consciencia no hace ningún sentido en su mundo.

Aquellos que son autistas funcionales, es decir que son autistas y que han aprendido a parecer normales y vivir una vida "normal", tratan de resolver mentalmente el lugar dónde necesitan poner su consciencia para que funcione para los otros. Se ajustan a sí mismos. Eso requiere mucha energía y requiere mucho esfuerzo para esconder lo que saben, incluso de sí mismos, para poder encajar en la realidad de los demás.

Reconocer que eso es lo que hacen, cada vez que interactúan con otras personas crea libertad e invita a la elección. La posibilidad es ser todo lo que eres con todos y decir lo que otras personas pueden recibir. No necesitas decir lo que sabes a las personas que no pueden recibirlo. Lo único que harán es resistirte. Como mi amigo Gary Douglas dice "solo para ti, solo por diversión, nunca le digas a nadie."

Nunca disminuyas tu consciencia a favor de los puntos de vista de los demás. Tú sabes lo que sabes, sin importar lo que otras personas digan. ¿Qué tal si pudieras recibir lo que otras personas piensan y sienten como un interesante punto de vista y no hacerlo real o significativo y saber lo que tú sabes?

Estaba en el aeropuerto el otro día, preparándome para abordar. El personal estaba bastante nervioso y quería que me moviera más rápidamente. Por un segundo ya estaba apuráda y moviéndome más rápidamente e hice el punto de vista del personal, real. Después me pregunté a mí misma

¿qué es lo que yo sé? me di cuenta que teníamos tiempo, reconocí mi saber y me relajé. Lo que sucedió es que el personal también empezó a relajarse. Había suficiente tiempo antes de que el avión despegara.

Reconocer lo que tú sabes crea más libertad y facilidad en tu vida y en las vidas de los demás. Es el espacio donde ya no tiras tu consciencia a favor de los puntos de vista de los demás.

Esquizofrenia y psicosis

La esquizofrenia y psicosis son consideradas enfermedades mentales más severas. Se supone que se curan principalmente con medicamento. No hay terapia tradicional que puede curar la esquizofrenia y la psicosis.

Las personas que tienen este diagnóstico escuchan voces o ven cosas que otras personas no ven. Usualmente esto los preocupa mucho. El punto de vista común de esto es que estas personas tienen que estar enfermas y que tiene que haber algo mal en ellos. Esa es una respuesta que no deja espacio para explorar más. No es ninguna sorpresa que no haya terapias que puedan facilitar una posibilidad diferente.

Para crear una realidad funcional diferente para personas con este diagnóstico, tenemos que empezar con preguntas. ¿Qué es esto? ¿qué es posible con esto? ¿qué es requerido para facilitar una posibilidad diferente para estas personas?

He visto pacientes con esquizofrenia y psicosis. Una de ellas era una joven mujer que siempre escuchaba voces y veía personas que otras personas no veían. Ella podía ver y escuchar personas que estaban muertas y que ya no tenían cuerpo. Podía hablar con su abuela que había fallecido.

Cuando estaba en la cocina preparando la comida, podía sentir personas tocando su hombro queriendo hablar con ella.

El problema es que ella pensaba que ella estaba mal y enferma y que ella tenía que cortar su saber acerca de lo que ella era capaz. Cuando me dijo acerca de las voces y lo que ella veía, lo cual tomó mucho valor, le pregunté si ella tenía un talento y habilidad de estar consciente de seres sin cuerpo y que si había reconocido ya esto. Ella sonrió, empezó a reír, y ella y su cuerpo se relajó. Todo su universo se aligeró y ella abrió la puerta a acceder a sí misma y de lo que era capaz, más que nunca antes. Dejó ir el punto de vista que había algo malo, y fue capaz de explorar y disfrutar de sus talentos. Ella ya no requirió de psiquiatría.

La mayoría de las personas que trabajan con pacientes diagnosticados con psicosis y esquizofrenia están más o menos al tanto de lo que está pasando, pero nunca se permiten o se atreven a reconocerlo, ya que va totalmente más allá de lo que es normal.

¿Es ahora el momento de tener valor y ver lo que realmente está pasando en lugar de perseguir esa novela de que lo que es "normal" o científicamente comprobado? Si no podemos ayudar a las personas y cambiar lo que está pasando a algo más grandioso ¿qué tan buenas son las teorías y modelos que nos han enseñado? Si no funciona, haz una pregunta. Si no funciona, pregunta y explora una posibilidad diferente. Sé pragmático. Mantente despierto. Ten el valor suficiente para ver más allá de la norma.

Seguir lo que otras personas dicen, lo que la ciencia dice, lo que otras teorías dicen, es mantener el estatus quo y mantener lo que las personas piensan que está pasando. Reconocer lo que realmente está pasando tiene el potencial de crear posibilidades que empoderan a las personas a saber que saben. Tiene el potencial de crear un mundo diferente y un futuro sustentable.

Entidades

Trabajando en psiquiatría, es algo que se presenta diariamente, ya sea que trabajes con personas que han sido diagnosticadas con esquizofrenia y psicosis, o no. Al hablar de entidades, nos referimos a seres sin cuerpos, que nos hablan todo el tiempo. Muchas personas terminan en psiquiatría porque están conscientes de las entidades y les falta educación acerca de cómo lidiar con ello. Tan pronto como aprenden a cómo lidiar aquello de lo que están conscientes, el diagnóstico y la enfermedad mental, ya no son relevantes. Pueden tener paz y facilidad con aquello de lo que están conscientes.

Con muchas situaciones sin explicación en donde las personas de repente tienen crisis, puedes preguntarles si tiene algo que ver con las entidades. Las personas que toman drogas, toman mucho alcohol o eligen la inconsciencia, ponen su cuerpo para alquilar, y las entidades entran y toman el control.

Recientemente tuve una dama, con la cual trabajé, cuyo hermano me llamó y me dijo que su hermana de repente era totalmente diferente; le hablaba a personas y les decía cosas raras y solo se quedaba en casa, y no sabía qué hacer. Me pidió que revisara como estaba.

Cuando la visité en su casa, ella abrió la puerta y su expresión era de confusión y literalmente no estaba siendo ella misma. Así que me senté y le pregunté acerca de lo que estaba pasando. Le pregunté si le gustaría dejar ir lo que sea que no le estuviera permitiendo ser ella misma en ese

momento. Ella dijo que sí y realmente era un sí. Las personas a menudo dicen que sí quieren dejar ir y lo que quieren
decir realmente es que no.

Cuando ella estaba hablando, energéticamente me
conecté a las entidades en su cuerpo y las quité. Me miró,
sonrió y me agradeció. Resultó que había tenido esas
entidades en su cuerpo todo el tiempo, pero algo las había
activado y en esta ocasión eligió dejarlas ir. Ella vino a mi
oficina al día siguiente, totalmente cambiada, siendo ella
misma de nuevo.

Si yo hubiera hecho psicología normal, la hubieran
transferido a un hospital para un tratamiento a pacientes y
ella hubiera recibido medicamento. ¿Qué es lo que hubiera
creado esto para ella? Lo que hice fue raro y extraño, pero
funcionó. Eso es ser pragmático, hacer aquello que funciona.

Algunas personas son portales, lo que quiere decir que
son una gran puerta para las entidades. Ese es el caso con
los esquizofrénicos. En algún momento eligieron ser portales. Las entidades pasan a través de ellos como los carros en
una avenida rápida. Puedes ver cuando hablas con una persona y de repente parece que estás hablando con alguien
más, y después algunos momentos después, notas a alguien
más. Si la persona elige dejar el ser un portal, es muy fácil
y rápido cerrar el portal. Los edificios también pueden ser
portales. Son lugares donde de pronto te maneras o notas
algo raro. Solo de leer esto, estás consciente de la energía
de la cuál estoy hablando.

Pregúntate a ti mismo cuántos de los pensamientos en
tu cabeza son tuyos. Cuando te cueste trabajo decidir qué
hacer y hay una voz diciéndote que vayas en una dirección
y otra voz queriendo que vayas en el otro sentido, o las

voces hablan en tercera persona, pregúntate "¿estoy siendo consciente de entidades?" ¿cómo sabes si son entidades?

Pregunta: "verdad ¿estoy siendo consciente de entidades?" ¿El "sí" o "no" te hace sentir más ligero? El que te haga sentir más ligero es el que es verdad para ti.

A las entidades les gusta vivir en los cuerpos de las personas. Es muy común que una o más entidades estén en el cuerpo de una persona. Esa no es una cosa terrible. Las entidades no son más poderosas que tú. Tú eres el que tiene cuerpo ¡tú eres quien está a cargo!

¿Cómo quitas las entidades?

Conectando con las entidades que quieres quitar y usando el enunciado aclarador:

Verdad ¿quiénes son? ¿quiénes eran antes de eso? verdad ¿quién eras antes de eso? Verdad ¿quienes eran antes de eso? (lo dices hasta que la energía cambie.)

Verdad ¿quiénes van a ser en el futuro? Gracias, se pueden ir. Y todas las impresiones magnéticas en el cuerpo, las destruimos y descreamos todas.

Acertado y equivocado, bueno y malo, POD y POC, todos los 9, cortos, chicos y más allás.

Al preguntar "¿quiénes eran antes de eso? ¿quiénes serán en el futuro?" llevas a la entidad a que se desatore de su posición en el tiempo. Las impresiones magnéticas son las impresiones que la entidad hizo en tu cuerpo al estar ahí.

Bipolar

El bipolar tenía un nombre diferente en el pasado y se llamaba maniaco depresivo. Es cuando una persona tiene episodios depresivos (bajos) y episodios maníacos (altos).

Cuando trabajo con personas que han sido diagnosticadas con bipolaridad, siempre me pregunto: "verdad ¿esto realmente es bipolaridad?" Muchas veces mi saber me dice que no es bipolaridad aunque la persona haya sido diagnosticada. Son personas sencillas que han sido malentendidas y que han sido más felices a comparación de la norma. Ser demasiado feliz hace que las personas se pregunten qué está mal contigo.

¿Cuánto estás reteniendo tu gozo y felicidad para no ser visto como loco o que eres demasiado?

Todo lo que eso es, por favor ¿lo destruyes y descreas? Gracias.

Acertado y equivocado, bueno y malo, POD y POC, todos los 9, cortos, chicos y más allás.

Sé que esto es demasiado sencillo: hacer una pregunta para descubrir lo que realmente está pasando en lugar de comprarte todas las conclusiones que alguien más creó y darle al paciente un diagnóstico.

Los periodos bajos, o depresivos, son muchas veces la consciencia de las personas de las otras personas y de esta densa realidad. Tantos de los clientes que conozco simplemente están conscientes de lo que está pasando en el mundo y se lo compran como si fuera suyo, creándolo como si fuera suyo, y son afectados por ello. Usar la herramienta "¿a quién le pertenece esto?" crea un gran cambio, ya que reconoce que la tristeza que ellos piensan que es suya en realidad no tiene nada que ver con ellos.

En una sesión puedes cambiar la vida de una persona. Simplemente al hacer preguntas y reconociendo lo que es.

Lo que me he dado cuenta con los clientes que han sido diagnosticados como bipolares y que yo pregunto y recibo un "sí", es bipolar, es que el cliente está creando un universo conflictual, lo que significa que constantemente están viviendo en un mundo de esto o lo otro. Una de mis clientes tenía un universo conflictual con su sexualidad, en donde quería tener mucho sexo y al mismo tiempo le daba asco el sexo y quería ser monja.

El bipolar constantemente está creando separación al querer estar aquí, y no querer estar aquí, queriendo tener un cuerpo, y no querer tener un cuerpo. En los periodos altos donde todo es tan fantástico, las personas sienten que por fin son ellas mismas. Y sí, de alguna forma son el gozo que en verdad son, y al mismo tiempo crean ese gozo como un estado, un lugar al que tienen que ir para logar el gozo, en lugar de estar en paz, más allá de cualquier duda reconociendo lo que ya son. Facilitando al cliente a ser, saber, percibir y recibir que pueden crear un gran cambio.

El gozo no es un estado al cual ir o lograr. Es lo que ya somos. Cuando empiezas a reconocer eso, no hay necesidad de trabajar duro para estar gozoso o tratar de sentirte bien o probarte a ti mismo que eres feliz. Dejas ir la parte maníaca de la felicidad y puedes ser feliz con gran paz. La verdadera felicidad es la consciencia que siempre has posibilidades expansivas.

En el campo psiquiátrico hay muy poca claridad con el TDAH y la bipolaridad. Hay ciertas similitudes. Ambos grupos de personas están muy conscientes y tienen altas y bajas más allá de la norma. Lo que he descubierto es que dar un diagnóstico no es realmente relevante ya que esta usualmente es una forma de encontrar una respuesta. En lugar de ello, ayuda darte cuenta con cada persona individualmente lo que está pasando, y de qué forma la persona está creando su limitación. Es principalmente respecto a los universos conflictuales o que no sabe cómo manejar su consciencia, o las dos, ¿o algo más?

Las preguntas te guiarán a saber lo que está pasando y a las elecciones que están disponibles para crear un futuro diferente.

Capítulo Doce

Fuera del abuso

Muchas personas han experimentado abuso, de una forma u otra. El abuso sexual y verbal son los que la mayoría de las personas considera. Hay tantas otras formas de abuso que nos hacemos a nosotros mismos cada día, como pensar en exceso: usar el cerebro más de lo requerido para asegurarnos de entender lo correcto e incorrecto; comer más de lo que nuestro cuerpo requiere; y no preguntar si, qué y cuando tu cuerpo quisiera comer; vivir con las respuestas de esta realidad en lugar de hacer preguntas.

¿Cuál es tu herramienta favorita de tortura para usar en ti mismo y en tu cuerpo, diariamente? ¿Considerarías dejar ir eso y descubrir una forma diferente de divertirte? ¿Cuánto estás usando todas esas formas de abuso para mantenerte ocupado, para encajar, para ser como todos los demás, para no ser tan potente como en verdad eres, para distraerte a ti mismo de crear tu vida auténtica?

Todo lo que eso es, por favor ¿lo destruyes y descreas? Gracias.

Acertado y equivocado, bueno y malo, POD y POC, todos los 9, cortos, chicos y más allá.

El abuso es una forma de estado operativo en esta realidad. ¿A qué me refiero? Hagamos un pequeño experimento. Estamos hablando acerca de la psicología. ¿Qué sería la psicología sin los experimentos?

Mi tipo de psicología es más como un experimento de juego. ¿Juegas?

Percibe la energía del abuso, lo que quiere decir que te permitas recibir la descarga de lo que es la energía del abuso. No necesitas visualizar o hacer nada para ello, solo percibe lo que es la energía del abuso. Ahora ve cómo se siente esto en tu cuerpo. ¿Te estabas contrayendo justo en este momento? ¿En dónde te sientes tenso? ¿Cuánto espacio tienes en este momento?

Ahora siente ¿cuánta de esa energía es la energía de esta realidad donde todo es acerca de conformarte, de ser normal, de estar en lo correcto, ser como todos los demás, hacer la cosa correcta, vivir la vida correcta con el trabajo correcto y el hombre o mujer correcto y la correcta cantidad de dinero, evitando estar equivocado, evitar perder? ¿De cuánta contracción estás consciente en este momento en tu cuerpo?

Bienvenidos a esta realidad, damas y caballeros. Y si ahora actúas, puedes tener una sentencia de por vida en la prisión de esta realidad, todo por el precio de ti. Un pequeño chiste de mi parte... o no.

¿Cuánto tienes que abusar de ti y torturarte a ti mismo para para poder ser parte de esta realidad y sentir que encajas aquí?

Todo lo que eso es, por favor ¿lo destruyes y descreas? Gracias.

Acertado y equivocado, bueno y malo, POD y POC, todos los 9, cortos, chicos y más allás.

Ahora deja ir toda esa energía de abuso y a todas las personas a las que estás conectadas, para saber lo que es el abuso. Gracias.

¿Estás más relajado desde que dejaste ir esa energía? Este ejercicio te permite ver que estás tan consciente de energías todo el tiempo y que puedes recibirlas en cualquier momento, y dejarlas ir, sin ningún esfuerzo o fuerza, simplemente eligiendo. Entre más juegues con esto, más fácil será.

La siguiente vez que estés en la presencia de la energía del abuso, ya sea en forma de persona o situación, di para ti mismo "ah, ahí está esa energía de nuevo ¿qué me gustaría elegir ahora?" Ahora ya no estarás bajo su efecto automáticamente ya que estás consciente de lo que es. La consciencia de lo que está pasando es lo que crea una posibilidad diferente para ti.

Una vez estuve en una relación con un hombre que me decía lo mucho que me amaba y adoraba, y que yo era la mejor cosa que le había pasado, excepto que cada vez que lo decía yo me sentía enferma y pesada y enojada. Por un tiempo me juzgué por no ser feliz cuando él me declaraba su amor. ¿Cómo me puedo enojar cuando me dice cuánto me ama, qué tan equivocada, terrible y fría soy?

Después de un tiempo de esta tortura, finalmente fui suficientemente inteligente para usar mis propias herramientas. Así que pregunté "¿qué está pasando? ¿de qué estoy consciente que aún no he reconocido? ¿qué mentiras están aquí habladas o no habladas?" Preguntar cuál es la mentira aquí es una gran pregunta cuando te enojas. No tomó mucho tiempo hasta que recibí la información de otro amigo que mi pareja, quien decía que me amaba tanto, en realidad tenía resentimiento por quien yo era y por lo que yo estaba haciendo en el mundo. Cuando recibí la información, me sentí tan ligera de nuevo y el enojo desapareció. De lo que me volví consciente es que cada vez que me decía cuánto me amaba y yo me enojaba, sentía que estaba mintiendo y que no me amaba para nada sino que me juzgaba por mi propio ser. Esa toma de consciencia creó tanto espacio para mi, y me pregunté a mi misma "¿este es el tipo de persona con la que quiero pasar mi tiempo? ¿quién más y qué más puedo elegir que expanda mi futuro?"

La consciencia de lo que está pasando sin juzgarlo como incorrecto crea posibilidades y elección.

Abuso ¿eres un sanador?

Tuve una cliente que tenía problemas creando relaciones que funcionaran para ella y tenía dificultades para disfrutar de su cuerpo y del sexo. Durante nuestras sesiones, por primera vez conoció a un hombre que era gentil con ella, que la trataba con cuidado, y ella y su cuerpo se podían relajar. Me dijo que estaba lista para ver lo que estaba pasando con su cuerpo, y sus dificultades para disfrutar del sexo.

Le hice unas preguntas acerca de cuándo habían empezado estas dificultades y ella dijo que había pasado cuando la habían violado cuando era una joven adolescente. Después de eso a ella no le gustaba el sexo y tenía asco por su cuerpo. Le pregunté que cuánto del enojo del violador había guardado en su cuerpo y se había aferrado a él desde entonces. Fue como si su universo entero hubiera explotado cuando le hice esa pregunta. Dijo "oh por Dios, eso es lo que he estado haciendo."

Hablamos de lo mucho que este hombre odiaba a las mujeres, y le pregunté si ella quería sanar eso en él. Ella dijo "esa es una de las preguntas más raras del mundo, pero me hace sentir realmente ligera." Ella se volvió consciente de que con la elección que tomó, terminó el círculo de abuso que este hombre había estado haciendo.

Una pregunta que puedes hacer es:

¿Qué consciencia y qué fortaleza tuve en el momento del abuso que aún no he reconocido?

El punto de vista de que ella era una víctima la había atorado y ella no había permitido que su cuerpo fuera tocado y había limitado su capacidad de recibir, lo cuál también se había visto reflejado en su situación monetaria. Ella se volvió consciente de todas las personas alrededor de ella que tenían enojo y furia y odio como su principal forma de funcionar. Ella sabía que tenía la habilidad de sacarlos de los cuerpos de esas personas, de sus universos, y los atrancaba en su cuerpo, al no reconocer lo que estaba haciendo.

Cuando hicimos preguntas respecto a lo que estaba pasando, ella podía expandir su consciencia y saber las capacidades de sanación que tenía que ahora podía usar para su ventaja. Ella me dijo después de nuestras sesiones que esto había cambiado su vida entera y su cuerpo. Su novio le dijo que no sabía lo que había pasado pero que también había cambiado su forma de ser y su cuerpo también.

Comparto este ejemplo ya que tiene muchos aspectos que puedes usar. ¿Cuánto eres un sanador y has estado quitando el dolor y sufrimiento de los universos de otras personas y sus cuerpos durante toda tu vida? ¿Esto te hace sentir más ligero? ¿Tu cuerpo se relaja? ¿Acabas de suspirar o una respiración profunda? ¿O eso cambió algo para ti?

Estas son pistas de que hay algo para ti que es verdad. Cuando vives tu vida constantemente tomando el dolor y el sufrimiento de los cuerpos de las otras personas y de sus universos, sin estar consciente de ello, te impides a ti mismo elegir y te vuelves el efecto de las cosas que pasan alrededor de ti. Una vez que te has dado cuenta de qué eres capaz, puedes usarlo para tu ventaja y empezar a usar esa capacidad para crear tu vida en lugar de abusar de ti mismo.

Solía sentirme ebria cada vez que salía a los bares. Mi cabeza daba vueltas y me sentía totalmente ebria sin haber tomado ni un trago de cualquier bebida alcohólica. Finalmente le pregunté a mi cuerpo qué estaba pasando, de qué estaba consciente mi cuerpo y qué capacidades tenía mi cuerpo que aún no había reconocido. (Preguntas geniales por cierto, las cuales te recomiendo le hagas a tu cuerpo.) Lo que supe fue que mi cuerpo tiene la capacidad de quitarle el alcohol del cuerpo a otras personas. Una vez que tuve claridad de esto, le pude pedir a mi cuerpo que no hiciera eso todo el tiempo, o si lo hacía, que fuera fácil y ligero para mi. Desde entonces ya no tengo ningún problema cuando estoy con personas ebrias. Si lo elijo, puedo disipar el alcohol en los cuerpos de otras personas o puedo elegir no hacerlo. Ahora es una elección.

¿De qué son capaces tú y tu cuerpo que aún no has reconocido que si lo reconocieras, te daría la totalidad de ti?

Todo lo que no te permita ser, saber, percibir y recibir eso ¿lo destruyes y descreas todo? Gracias.

Acertado y equivocado, bueno y malo, POD y POC, todos los 9, cortos, chicos y más allás.

Cuando estás siendo consciente de tus talentos y capacidades puedes empezar a usarlos par tu ventaja, en lugar de ser una víctima de todo lo que no han estado dispuestos a saber de sí mismos.

Cada vez que haces a alguien o algo más poderoso o valioso que tú, abusas de ti mismo. ¿Qué tan a menudo llegas a la conclusión de que alguien más sabe mejor que tú, así que creas justificaciones basadas en la educación o posición social de la persona? "Oh, es un doctor, él tendría que saber más que yo."

¿Qué creación de ti estás usando para subordinarte, absolver y resolver tu consciencia y elección a favor de las realidades de otras personas, estás eligiendo?

Todo lo que eso es ¿lo destruyes y descreas?

Acertado y equivocado, bueno y malo, POD y POC, todos los 9, cortos, chicos y más allá.

Cada vez que dices que alguien más sabe más que tú, apagas tu consciencia y te limitas a ti y a tu vida.

Saber que sabes y estar consciente de lo que tú y tu cuerpo son capaces, te saca del abuso y abre las puertas a la elección infinita.

Bienvenido a la aventura llamada Tú.

CAPÍTULO TRECE

DEPRESIÓN – LA GRANDEZA DE TI

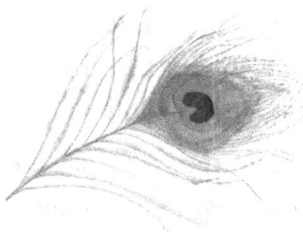

"Mientras estés respirando, puedes empezar desde cero" es una canción que estoy escuchando mientras estoy escribiendo. Es cierto.

La depresión es una de las mayores razones por las que las personas buscan ayuda psicológica o psiquiátrica. La mayoría de las personas en algún momento de sus vidas han estado deprimidas. Es el estado en donde uno tiene el punto de vista que ya nada es gozoso y que de ninguna manera cambiará. Las personas dicen que no tienen energía para tomar siquiera un paso para creàr algo diferente.

Mis clientes a menudo dicen que son víctimas de su depresión, han probado de todo y nada ha ayudado, y están demasiado cansados para poder cambiar su estado. Algunas veces me reúno con clientes que están tan deprimidos que han dejado de hablar.

Estar deprimido es una de las formas de morir lentamente. Es el estado donde uno se ha dado por vencido y se da por vencido ante las limitaciones de esta realidad. Un suicidio lento. ¿Cómo puedo decir esto? Bueno, pues, pregúntate a ti mismo ¿la depresión es algo que se apodera de ti o las personas están eligiendo estar deprimidos? Sí, están eligiendo estar deprimidos. Es una forma pasiva de existir y es una elección activa, sin embargo no es una elección consciente. Las personas deprimidas eligen darse por vencidas ante las limitaciones de la vida. Quizá no estén conscientes del hecho que están eligiendo esto. Su punto de vista es, más bien, que no tienen elección.

Al leer esto, nota lo que está pasando en tu universo y en tu cuerpo. ¿Cuánto están conscientes tu cuerpo y tú de la energía de la depresión? ¿Esta es una energía familiar para ti? Ahora en lugar de pelear contra ella y tratar de detenerla, baja tus barreras, todavía más y más, y mantente totalmente presente con esa energía; solo date a ti mismo un tiempo y mantente presente con ella. Ahora intensifica la energía, todavía más, y más y de nuevo mantente presente con ella por un momento, un minuto o algunos o incluso más tiempo que eso.

¿Qué cambió?

Te recomiendo que escribas lo que cambió para ti después de estar presente con la energía de la depresión por un tiempo. ¿Notas que has hecho de esa energía algo más poderoso que tú? Sólo es una energía. Así que ¿qué tan real es la depresión y cuán real la has hecho al estar de acuerdo y alinearte al punto de vista de que es real?

¿Qué tal si la depresión no es nada más que un interesante punto de vista?

¿Es la energía de la depresión familiar para ti, y esa energía es la energía que llamas vida? ¿Has definido a esta energía como lo que tú eres? De nuevo, tu punto de vista crea tu realidad. Si defines la energía de la depresión como algo que eres, te estás creando a ti mismo como deprimido. Di para ti mismo "interesante punto de vista que tengo este punto de vista" una y otra vez.

Las personas que dicen estar deprimidas usualmente están captando la tristeza de otras personas y tratan de cambiarlo al tomarlo y bloquearlo en sus cuerpos. Darte cuenta del hecho de que estás consciente de la tristeza de otras personas, puede cambiar mucho para ti.

La depresión no se tiene que ver de determinada manera. Algunas veces las personas se ven felices y parecen felices, pero no son felices; de hecho están tristes y tú estás consciente de ello. ¿Qué tan a menudo te has juzgado como incorrecto cuando las personas parecen estar felices y sonríen mucho, y que tú te das cuenta que realmente no son felices, y al mismo tiempo pensando que debe de haber algo mal en ti por estar consciente de su infelicidad?

Y después de esto ¿cuánto de esa infelicidad piensas que es tuya, juzgándote de incorrecto por ser infeliz en su presencia cuando parece que están aparentemente "felices"? Simplemente estás consciente de lo que realmente está pasando y al mismo viendo sus caras que pretenden ser felices. ¿Qué tal que tú no eres el infeliz?

Tú y tu cuerpo perciben la infelicidad alrededor de ti y, si no haces la pregunta, te compras la infelicidad como propia. Piensas que eres tú quien es infeliz y te dices a ti mismo que eres infeliz y después vas y buscas evidencia para probar el punto de vista de que es tan real como "¿ven? estoy frunciendo la frente, lo cual quiere decir que soy infeliz. ¿Ven? tengo lágrimas en mis ojos, eso quiere decir que estoy triste." Podrías preguntar "¿A quién le pertenece esto? ¿realmente soy yo quien es infeliz o estoy consciente de la infelicidad de alguien más?" La mayoría del tiempo estás percibiendo la infelicidad de los demás, pensando y concluyendo que es tuyo.

Cuando les pregunto a mis clientes, si hubo alguien cerca de ellos que estaba deprimido mientras crecían, la mayoría de ellos dice "sí" y algunos dicen "no". Hacer más preguntas hace que tomen consciencia de si había alguien que era infeliz pero que pretendía ser feliz. Reconocer el hecho de que habían estado conscientes de la infelicidad alrededor de ellos mientras crecían y el hecho de que no les pertenecía, les trae ligereza a todo su universo

Las personas pasan su vida entera tratando de hacer a otras felices al tomar su infelicidad y bloquearla en sus cuerpos, haciéndola suya. ¿Cuánto están haciendo esto todo el tiempo con todo mundo? ¿Esta es la energía con la que solías crear tu vida? Esto no tiene nada que ver contigo o con crear lo que realmente quieres. Es crearte a ti mismo a través de las realidades de otras personas. Es defender y salvar las realidades de otras personas y no crear la tuya.

No hay ninguna necesidad de juzgarte a ti mismo por hacer eso. ¿Cuán agradecido puedes estar ahora por tener consciencia de ello? Saber que esto es lo que estás haciendo la mayoría del tiempo te da el regalo de la elección. Puedes ahora, en cada momento de tu vida, tener consciencia de si te estás comprando las realidades de otras personas y las estás sanando sin que ellos estén interesados en cambiar. También puedes estar consciente de lo que está pasando a tu alrededor, no tener punto de vista al respecto, y crear tu vida.

Tienes un problema. Básicamente eres una persona feliz, pero eso lo estás guardando en secreto de todos, incluyendo de ti mismo.

Estar consciente de la infelicidad de las personas y tratar de sanarlas no es una limitación; es una capacidad que tienes. Reconocer la grandeza de ti y cuán consciente estás y tu habilidad de ser feliz. ¿Eso te hace sentir más ligero? Recuerda que lo que te hace sentir ligero es aquello que es verdad para ti. Solo porque puedes sentir algo, no lo hace real. Asumes que todo aquello de lo que estás consciente es algo que sientes y que es tuyo, para que puedas ser como todos los demás, para que puedas ser igual de infeliz como todos los demás, para que puedas ser normal.

¿Qué tan divertido es esto?

Todo es una elección. La depresión es una elección. Si estás eligiendo estar deprimido, lo estás eligiendo porque te hace más feliz que elegir ser feliz.

No me di cuenta de eso por mucho, mucho tiempo. Trataba de hacer de ello algo lógico, excepto que no es lógico. Siempre pensé que tenía que trabajar mis "problemas" para ser feliz. Pensaba que la felicidad es algo que podía tener una vez que hubiera resuelto todos mis problemas y que hubiera encontrado por qué era infeliz, y cuando entendiera las razones de mi infelicidad. Excepto que más y más problemas se presentaron para ser resueltos, porque había decidido que mi trabajo era resolver problemas, tanto los míos como los de los otros. Elegir eso como mi trabajo, más problemas se presentaron para poder mantener mi trabajo. Ahora, ahí está una elección interesante.

Ahora estoy cambiando eso y me pregunto a mi misma "¿cómo puedo usar aquello de lo que estoy consciente como una fuente de gozo? ¿qué más puedo elegir hoy que pudiera cambiar todo?"

Ser infeliz y estar deprimida es una elección y no hay nada de malo en esa elección. Es algo que funciona para la persona, por cualquiera que sea la razón. Reconocer que es una elección, crea el espacio donde puedes cambiar tu elección en cualquier momento.

La felicidad es el estado natural que puedes elegir, cuando no estás eligiendo ir en contra de ti.

Ser feliz, es ser tú.

Si estás siendo feliz, eres el espacio donde la magia se puede presentar, donde todo y todos te pueden contribuir. Estás dándote cuenta que no puedes estar solo. Estás siendo la vibración que permite que se presente más y más felicidad.

Quizá digas que no sabes cómo ser feliz o cómo cambiar tu vida. No se trata del cómo. Elegir algo diferente al hacer la demanda de que tu vida cambie, es lo que cambia todo.

¿Qué tal empezar demandando de ti mismo ser y recibir algo más grandioso desde este instante?

Tienes elección a cada momento

Estás eligiendo a cada momento. Date cuenta del hecho de que tienes elección en todo lo que haces, incluso si es caminar a tu refrigerador y elegir sacar una coca. No tienes que elegir, puedes elegir. Es tu privilegio elegir. La elección es la creación de tu realidad. Empieza a elegir en incrementos de diez segundos. ¿Ahora qué estás eligiendo? Ya pasaron esos diez segundos. ¿Ahora qué vas a elegir?

No se trata acerca de elegir lo correcto o lo mejor. Se trata de elegir lo que sea. Ninguna elección es mejor que la otra, simplemente son diferentes elecciones. Tienes que hacer esto para poder saber de lo que estoy hablando.

Sal allá y elige. Huele una flor. Se acabaron esos diez segundos ¿ahora qué estás eligiendo? ¿continuar oliendo o algo más? Hazlo por un ratito, para que te vuelvas consciente del hecho de que tienes elección, y que todo lo que haces y eres es solo una elección y no está ni bien ni mal. Esto te permite salir del lugar en donde has decidido que no tienes la capacidad de elegir. Elegir es crear y crea el movimiento en tu vida que te guía a más gozo y todo lo que deseas.

¿Qué energía, espacio y consciencia pueden ser tu cuerpo y tú que te permite ser el gozo de la elección y la creación que en verdad eres?

Todo lo que no permita que eso se presente en tu vida ¿lo destruyes y descreas?

Gracias.

Acertado y equivocado, bueno y malo, POD y POC, todos los 9, cortos, chicos y más allás.

Capítulo Catorce

Hombre muerto, caminando

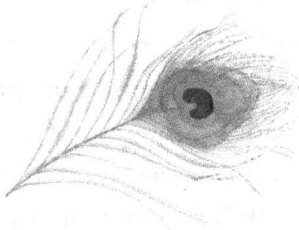

En psiquiatría muchas personas tienen pensamientos acerca de morir y quitarse la vida. Algunos de ellos intentan suicidarse.

La psiquiatría en Suecia tiene una cosa que se llama "cero tolerancia al suicidio" que quiere decir que no puede haber ningún suicidio y los practicantes, ya sean doctores, terapeutas o trabajadores sociales, intentan que sus pacientes no cometan suicidio. Es básicamente un punto de vista que el suicidio está mal y que eso es fracasar en cuanto al paciente y el practicante les concierne. Hay puntos de vista similares acerca de ello en otros países.

Vivir en este mundo y trabajando en psiquiatría y viendo cómo funcionan las personas, siempre me he preguntado cuánto están viviendo realmente las personas. La mayoría de las personas existen, haciendo casi las mismas cosas diariamente como si estuvieran en piloto automático, como si eso fuera lo único que existiera. Sus cuerpos están cansados, sus cabezas están llenas de juicios y conclusiones.

¿Qué tiene que ver eso con estar vivo? ¿Cuánta de esa energía de morir una muerte lenta, un suicidio lento? Habiendo concluido lo que es posible y lo que no es posible y proyectar eso en el futuro ¿cuántas personas son realmente personas muertas caminando? ¿dónde está el vivir; dónde está la aventura?

Hablamos del no suicidio en la psiquiatría mientras las personas en todos lados cometen un lento, doloroso suicidio todos los días: la forma en la que tratan sus cuerpos, la forma en que se tratan los unos a otros, la forma en la que eliminan todo lo que son cuando empiezan una relación, la forma en la que tratan de ser "normales" y de la misma forma en la que son todos los demás. Están concluyendo lo que está pasando en lugar de hacer una pregunta acerca de lo que podría ser.

Las personas que intentan suicidarse a menudo son las que toman más acción que otras personas a su alrededor que apenas hacen lo mínimo y existen, tratando de ser normales y tratando de sobrevivir. Sí. Sobrevivir. ¿Cuántas personas conoces que hacen más que sobrevivir y que hacen lo suficiente para tener lo mínimo y no más?

Quizá te molestes al leer esto ya que no es una perspectiva que no concuerda con el punto de vista de esta realidad. ¿Qué tal que no hubiera nada incorrecto en nada? ¿Qué tal que no fuera incorrecto apenas sobrevivir o intentar suicidarte o vivir?

¿Qué tal que se tratara de darte cuenta de lo que estás creando en tu vida y para que tú elijas lo que realmente querrías?

¿Qué tal que salieras de morir y entraras a la vida y la prosperidad?

Todo es lo opuesto de lo que parece ser y nada es lo opuesto a lo que parece ser.

¿Qué estás eligiendo? ¿Sobrevivir, o prosperar?

Capítulo Quince

¿Realmente quieres cambiar?

Ahora viene la parte para los que son realmente valientes.

¿Cuántas veces te has dicho que quieres cambiar, tratado todo tipo de técnicas y después de un corto periodo de tiempo terminas regresando a tus viejas formas de ser y a los mismos patrones? La pregunta es ¿realmente pediste un cambio o realmente querías cambiar?

"Querer" quiere decir que te hace falta, si buscaras en un diccionario antes de 1920. Así que ¿realmente deseas cambiar o realmente elegiste cambiar o querías (te falta) cambiar?

Escucho a tantos clientes diciendo que quieren cambiar y la mayoría de ellos no están dispuesto a tener un cambio real. El cambio real quiere decir algo totalmente diferente, dándose cuenta que la vieja forma de hacer las cosas no funciona, y estar dispuesto a abrazar algo completamente diferente. La mayoría de las personas quieren una versión

diferente de lo mismo de siempre. No hay absolutamente
nada incorrecto en ello. Esta es la forma en la que nos han
enseñado.

Hemos aprendido que las cosas son de la forma que son;
comportamientos, relaciones, las personas, sí, todo en esta
realidad es la forma en que es, y es posible cambiar todo
eso hasta cierto grado, pero no más. Nunca hemos aprendido a pedir un cambio real para una realidad diferente.

"Diferente" quiere decir dejar ir lo que no funciona y
abrirte a nuevas posibilidades que nunca han existido antes.
Es una elección. Una elección activa. Algunas personas
esperan por mucho tiempo antes de cambiar lo que no
funciona para ellos. Esperan hasta que se sienten muy mal,
hasta que sus cuerpos duelen, hasta que están tan enojados
o tan tristes que se dan cuenta que algo tiene que cambiar.

Algo tiene que cambiar. Esa es la demanda con la que
el cambio empieza. Tú estás a cargo. Tú eres el capitán
de tu propio barco. Esperar a que las luces se pongan en
verde o a que alguien más lo haga implica demasiada espera. ¿Realmente funciona para ti? ¿Realmente esperar es tu
mejor talento o habilidad? ¿O es momento de pedir una
posibilidad diferente?

Ve las diferentes personas que tienen todo lo que desean.
Dicen "Oh, ¿quizá podría tener esto?" o están demandando
lo que sea que desean a que se presente? Lo están demandando con todo su ser y siempre esperando que suceda.
¿Qué tomaría para que eligieras ser la energía de la demanda y para que tú elijas recibir?

Sí. Recibir es una gran parte de este juego. ¿Cuánto te
han lavado el cerebro con la idea de que el cambio requiere
mucho tiempo, mucho trabajo y que tú eres alguien que no
puede tener todo lo que deseas? Estas son las ideas o los

puntos de vista de las leyes inmutables (incambiables) de esta realidad que han sido alimentadas: todo es lo que es, todo siempre se mantiene igual, y el cambio es una amenaza.

Qué tal que no hubiera nada de malo con ello y qué tal que solo fuera para que tu reconocieras que esta realidad y tu realidad son diferentes. ¿Qué te hace sentir más ligero? ¿el hecho de que todo se mantenga igual con una pequeña variación, o que tú puedas crear y disfrutar tu realidad como lo deseas donde todo se puede cambiar? ¿qué es lo que tú sabes?

No te pregunté lo que pensabas, lo que te dice tu cerebro. Te pregunté qué es lo que sabes. Lo que sabes es mucho más rápido de la capacidad que tiene tu cerebro para procesar información. Te pregunto por aquello que siempre has sabido posible, pero nunca te has permitido a ti mismo ser porque has tenido personas cerca de ti, diciéndote que no es posible. Sacar esos puntos de tu camino, todos los puntos de vista de otras personas y de esta realidad acerca de cómo y porqué las cosas no son posibles, te permite recibir por primera vez en tu vida. Recibir lo que realmente es posible para ti.

Pide y recibirás. Haz una pregunta y permítete recibir. Pídele al universo que te muestre de lo que realmente eres capaz. Pide más facilidad y gozo en tu vida. Pide que tu situación económica cambie y pregunta qué es lo que tomaría. Pide por relaciones divertidas, sexo. Pídele a tu cuerpo que cambie y que lo disfrute.

Cuando pedimos algo diferente, se muestra de la forma en que se muestra, cuando se muestra. Siempre se muestra de una forma diferente en la que pensaste. Si se mostrara en la forma en la que piensas que *tendría* que mostrarse, no sería una posibilidad diferente, simplemente sería un pequeño cambio a algo que ya tienes en tu vida; sería algo que tu cerebro pudiera calcular y proyectar al futuro. Sería como visualizar, lo que quiere decir que nunca puede ser más grandioso de lo que la capacidad de tu cerebro puede imaginar.

Pedir una posibilidad diferente quiere decir pedir por ello y dejarlo ir y permitirle al universo entero a que te contribuya para que se pueda presentar de una forma aún más grandiosa a la que puedes imaginar. ¿Eso te interesa?

Lo único que se requiere es que dejes ir todos tus puntos de vista acerca de cómo y cuándo tendría que presentarse y a recibirlo cuando se presente. Digo recibirlo y me refiero a recibirlo. Muchas personas juzgan lo que el universo les regala como algo que no es suficiente o como algo que no esperaban que fuera. Estar sin expectativas, sin juicios y sin calcular te permite recibirlo realmente.

La siguiente parte de la receta del cambio es estar agradecido por la forma en que se presente y cuando sea que se presente. La gratitud es estar en total permisión por todo. Cuando estás agradecido, no juzgas. Cuando estás agradecido por una persona le permites ser quien es sin esperar que cambie. Cuando estás agradecido por lo que estás recibiendo y cuando estás agradecido por lo que estás creando estás siendo una contribución para que aquello se vuelva más grandioso. Desde ese espacio de gratitud, desde el estar agradecido por lo que es, es que puedes pedir más. Pide y pregunta:

¿Ahora qué más es posible?

¿Cómo puede mejorar esto?

Capítulo Dieciséis

¿Exhausto o quemado?

Oh por Dios! tengo tanto que hacer, estoy tan estresado, creo que estoy exhausto." Escucho a tantas
personas hablando de todo lo que tienen que hacer y
cuán poco tiempo tienen para hacer todo lo que han decidido que tienen que hacer y cuánto de esto los está estresan-
do y qué tan mal se sienten. ¿Algo de esto te suena familiar?

Lo que hemos aprendido es que cierta cantidad de cosas
que uno puede hacer y que si hacemos más de eso, estamos
haciendo demasiado, nos cansamos y eventualmente nos
enfermamos. El lugar donde está el límite para cada quien,
es diferente.

¿En dónde has puesto tu límite? ¿Cuántos proyectos
puedes tener antes de que decidas que es demasiado?

¿Algo de esto es real o es el punto de vista que las personas crean, que les dicen lo que es suficiente?

Tómame a mí como ejemplo. Trabajo como psicóloga y psiquiatra clínica. Me reúno con pacientes para sesiones individuales; soy líder de un grupo de sesiones en la clínica, haciendo pruebas neuropsicológicas. Al mismo tiempo, tengo un negocio de tiempo completo que incluye viajar y facilitar cursos de uno a cinco días. Por el momento, hago todo el papeleo yo misma: la página de internet, el contacto con clientes, organización, las reservas, la contabilidad y todo lo que es parte de un negocio. También me tomo tiempo para cuidar de mi misma, de mi cuerpo, disfruto explorando de diferentes ciudades, bailar, conocer diferentes personas. Entre más cosas tengo pasando al mismo tiempo, más relajada me siento. Siempre pensé que era al revés. Pensé que si había muchas cosas pasando al mismo tiempo me iba a sentir cansada o drenada.

Las veces que me he desacelerado a mi misma y he tratado de tener tan poco como las otras personas, estaba muy cansada y frustrada.

Ahora siempre pregunto "¿a quién y qué más puedo agregar a mi vida?" Entre más agrego y entre más proyectos tengo al mismo tiempo, más energía tengo. ¿Por qué? Tener muchas cosas pasando al mismo tiempo equipara mi vibración y me estimula a ser creativa.

¿Qué tal tú? ¿has reconocido lo que realmente funciona para ti y para tu cuerpo o te estás comprando los puntos de vista de otras personas acerca de lo que es posible y lo que no es posible?

¿Has tenido un proyecto donde estuviste tan inspirada que estuviste trabajando con ello todo el día y se te olvidó comer? No comiste porque no cuerpo no lo requirió. Tu cuerpo recibió la energía que requería de la energía que tú generaste cuando estabas trabajando con algo que era divertido para ti. Es como tener un motor que sigue y sigue. Hay el punto de vista de que esto es peligroso. No es peligroso siempre y cuando te escuches a ti mismo y a tu cuerpo. Siempre y cuando sepas cuándo es momento de seguir trabajando, cuándo es tiempo para salir a correr o caminar en la naturaleza, cuándo es tiempo de dormir y cuándo es tiempo de comer.

Tu cuerpo sabe lo que requiere y te dirá cuando se lo empieces a preguntar. Lo que te hace sentir ligero es lo correcto. No hay nada que puedas hacer equivocado en este juego. Empieza eligiendo algo y ve como van las cosas, date cuenta de ti mismo y después, si es ligero, sigue adelante; si no lo es, entonces elije algo más. ¿Fácil? ¿demasiado fácil?

¿A quién o qué puedes agregar a tu vida?

Estar exhausto está basado en la idea de que hay una falta de energía. No hay falta de energía, solo hay puntos de vista que no te permiten acceder las energías que están disponibles. ¿Estás consciente de que tu cuerpo tiene suficiente energía en las mitocondrias de tus células para operar una ciudad del tamaño de San Francisco por tres meses? Esta es la cantidad de energía que tienes disponible en tu cuerpo. Sin embargo te comportas como si tuvieras que estar cansado todo el tiempo. ¿En algún momento accedes toda tu energía? Estar cansado y que tu energía esté limitada es un punto de vista que crea una limitación. ¿Qué tal pedirle a tu cuerpo cuándo y cuánto tiempo requiere dormir? Puede ser diferente cada día, sin embargo hemos aprendido que requerimos entre 6 y 8 horas para dormir por día. Y después las personas se preguntan porqué se despiertan a la mitad de la noche sin poder dormir. Bueno ¿qué tal preguntarle al cuerpo si requiere más sueño? Si no, entonces levántate y lee, escribe, disfruta de la noche y de la quietud. Grandes ideas pueden llegar a esas horas.

Cuando todos los demás duermen, es momento de preguntar:

¿Qué es lo que quisiera generar y crear como mi futuro? ¿Qué es lo que realmente es posible para mi que aún no he reconocido?

Mientras las otras personas duermen y sus pensamientos están quietos, es más fácil para ti acceder aquellas posibilidades más grandiosas de las que estás consciente, para ti y para tu vida. Pregunta:

¿Qué más quisieras crear que haga que tu corazón cante?

Si no hubiera escasez o límites ¿qué más quisieras agregar a tu vida? ¿qué tal que no tuvieras que elegir una familia o una carrera, o esto o lo otro? ¿qué tal que pudieras tenerlo todo y hacer que funcione? ¿qué tal que no tuvieras que hacerlo todo por tu cuenta? ¿a quién más puedes agregar a tu vida que contribuya a todas las cosas que quisieras crear, y qué tal que eso fuera una gran contribución para estas personas también? Agregar a tu vida, agrega energía y mientras empiezas a elegir, te darás cuenta de lo que funciona para ti y lo que no.

¿Qué energía, espacio y consciencia pueden ser tu cuerpo y tú para ser la fuente creadora que en verdad eres?

Todo lo que no permita que eso se presente ¿lo destruyes y descreas? Gracias.

Acertado y equivocado, bueno y malo, POD y POC, todos los 9, cortos, chicos y más allá.

CAPÍTULO DIECISIETE

RELACIÓN ¿TE ESTÁ MATANDO SUAVEMENTE?

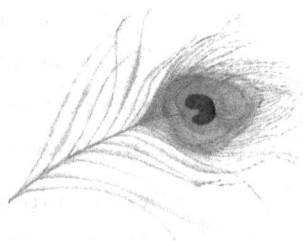

¿Qué tal te funcionan las relaciones? Si eres una de esas personas afortunadas que sabe cómo hacer que las relaciones funcionen para ti, no hay necesidad que leas esta sección. Si eres parte del 99% restante que se pregunta cuándo funcionarán para ti, entonces te recomiendo que sigas adelante.

¿Sabías que la definición de relación es la distancia entre dos objetos?

Dos personas se conocen, los dos felices e inspirados el uno por el otro, con la esperanza de algo más grandioso, con mariposas en el estómago cuando piensan el uno en el otro, contentos cuando se ven, excepto... tú sabes... ¿cuánto tiempo toma normalmente hasta que te preguntas qué pasó? ¿dónde está la felicidad? ¿dónde está esa ligereza que solía estar ahí? Las discusiones empiezan, ambas partes pelean por tener la razón y se juzgan a sí mismas y a la otra persona como incorrectas. Ambos tratan de encajar en la caja llamada relación. Las cosas empiezan a ir cuesta abajo. Hemos aprendido que esta es una fase normal en las relaciones que empiezan a ser serias.

Es cómico cómo las personas les llaman relaciones "serias". ¿Estamos teniendo relaciones para ser serios?

Cuando las cosas empiezan a ir cuesta abajo, este es el punto en el que haces que las cosas sean serias y significativas y tratas de llegar a una conclusión acerca de hacia dónde irá la relación, tratando de ver cómo se va a ver y proyectar en el futuro lo que va a pasar. ¿Este es el lugar en donde estás tratando de descubrir si esta persona es la correcta para ti y si él o ella cumple con tus expectativas?

Nota que cuando leíste estos últimos enunciados la energía ligera desapareció. Esto es exactamente lo que ocurre cuando empiezas a pensar, vas hacia tu cabeza, tratando de resolver y proyectar hacia el futuro lo que va a pasar con esta persona. Te separas del gozo que estabas siendo con el otro. ¿Cuánto te has comprado el punto de vista de que esta fase es normal y es parte del trato y que es necesario? ¿es cierto esto? ¿te hace sentir más ligero? ¿de quién es ese punto de vista? ¿es realmente ese tu punto de vista? ¿qué más es posible?

La primera pregunta que puedes hacerte para tener más claridad en esta área es "verdad ¿realmente deseo una relación?" ¿alguna vez te has hecho esa pregunta? ¿o has asumido que te gustaría tener una relación? ¿cuánto te han programado con ese punto de vista de que se supone que tienes que tener una porque todos los demás tienen ese punto de vista y tienes que hacer que funcione? ¿tienes la necesidad de tener una relación? Todos los lugares donde tenemos una necesidad de cualquier cosa, tenemos que de alguna manera pelear en contra de ella al mismo tiempo que estamos tratando lograrlo. ¿En dónde está la elección? ¿qué es lo que realmente quisieras tú?

¿Qué es una relación para ti? ¿con quién quisieras realmente tener una relación, que realmente fuera una contribución para tu vida? ¿cómo se vería esa relación? ¿qué es lo que realmente esperas de la otra persona? ¿qué es lo que la otra persona realmente espera de ti? La mayoría de las relaciones están basadas en una locura común. ¿Palabras duras? Pues, voltea a ver alrededor. ¿Cuántas relaciones ves allá afuera en donde ambas partes realmente son felices; donde están siendo ellos mismos y que el tener al otro contribuye a que sus vidas se expandan? ¿no tantas?

La mayoría de las personas cortan lo mejor de sí mismas, exactamente lo que en primer lugar le llamó la atención a la otra persona, para encajar en la caja de las relaciones y para poder existir juntos. ¿Eso es suficiente para ti o estás deseando más? ¿qué tal que pudieras elegir cómo te gustaría crear tu relación?

En lugar de ahogarte en la fantasía de que algún día todo funcionará y tu pareja te entenderá y será y hará lo que tú quisieras que haga, podrías empezar hoy con una renovación completa de tu relación. ¿Cómo? Preguntándote a ti mismo "entonces ¿qué parte de esta relación realmente funciona para mí y qué parte no?" Respecto a las partes que no funcionan, pregunta si se pueden cambiar, y si sí, cómo se pueden cambiar.

Cuando renuevas tu casa, haces lo mismo, caminas y revisas todas las partes y piezas de tu casa para ver lo que te gustaría guardar y lo que no quieres guardar, y dónde se necesita renovar. Ahora, tener a una persona más involucrada aparte de ti quiere decir que también ellos pueden elegir lo que les gustaría cambiar o no. Si te gustaría cambiar algo y ellos no están interesados, depende de ti tener permisión de eso y preguntarte a ti mismo si puedes vivir con ello.

Haz preguntas para que puedas tener toda la información para saber exactamente lo que quisieras tener como relación y pregúntale a tu pareja lo que funciona para él o ella. Después pregúntate si la forma en que la otra persona quisiera tener una relación, realmente funciona para ti. No esperes que la otra persona cambie o desee lo mismo que tú. Eso es ser pragmático.

Tengo una amiga que es casada y su esposo tiene un cojín grande en la cama, en el que le gusta recargarse y nunca quita ese cojín. Lo deja justo frente a la cama. Muchas veces mi amiga se ha caído por ese cojín, cuando se levanta por la noche para ir al baño. Le ha pedido a su esposo miles de veces que por favor recuerde guardar el cojín antes de que vayan a dormir y usualmente su marido lo olvida. Esto ha pasado así por años,

Después de todos esos años, ella aprendió a no molestarlo por ello y confía en que su esposo no guardará el cojín. Ella sabe que esto es algo que no cambiará y ella está en permisión de eso así que hizo la pregunta de cómo hacer para que eso funcione para ella. Ella se dio cuenta que en lugar de estar enojada o crear el punto de vista de que a su esposo no le importa ella, ella simplemente recuerda guardar el cojín.

¿Qué es una gran relación? En donde puedes ser tú. Una gran relación es donde ambas personas están en permisión de sí mismos y de el otro. En donde no buscas que la otra persona cumpla con tus necesidades. Donde dejas que la otra persona sea y haga lo que sea que deseen y donde te dejan hacer y ser lo que sea que tú desees.

Nota esta parte acerca de ser y hacer lo que tú desees.

¿Sabes siquiera lo que deseas en la vida? ¿O estás buscando una respuesta en la otra persona? ¿Cómo está funcionando esto para ti?

Una gran relación empieza contigo. Confiar en ti, honrarte a ti, estar en permisión de ti, estar agradecido por ti, ser vulnerable. Ser vulnerable significa que no tienes tus barreras arriba para recibir, sin defenderte, siendo tú. Puedes tener un sentido de ello cuando te acuestas en el césped hasta que ya no tengas la sensación de separación entre tú y la tierra, donde puedes recibir la contribución que todas y cada una de las moléculas están deseando ser para ti. Sí, todas y cada una de las moléculas está deseando contribuirte y lo único que tienes que hacer es recibirla.

La mayoría de las personas preferiría esperar que la persona correcta se presente y ya han decidido la forma cómo esa persona tendría que contribuirles. ¿Qué hay acerca de recibir al universo entero en lugar de a una sola persona? ¿qué hay de recibir la contribución como venga sin tener un punto de vista acerca de cómo se presenta? qué tal que si con cada persona, sin importar lo que hagan o digan puedas preguntar:

¿Qué regalo es esta persona para mí que aún no he reconocido? ¿qué contribución puede ser esta persona / esta situación para mí y para mi cuerpo?

¿Qué sería posible para ti entonces?

❈ ❈ ❈

Cuando es tiempo de darle la vuelta a la hoja

A esta altura del libro ¿te está dando más cuenta de cuánto has estado tratando de comprarte lo incorrecto de ti durante toda tu vida? Todas las etiquetas, la depresión, la ansiedad, el desorden de personalidad, son formas de describir qué tan equivocado estás. Estas son conclusiones que te convencen de que hay algo mal contigo y que no eres parte del "equipo principal" de las personas "sanas". (Siempre me he preguntado quiénes son éstas personas. ¿Dónde están las personas que están sanas y son normales? Si conoces a alguna, por favor avísame. Hasta ahora sólo he conocido gente que desesperadamente está tratando de ser normal y está haciendo todo por encajar).

¿Estás consciente de cuánto te estás controlando para no salir de la caja, de no bailar a un ritmo diferente, a tu ritmo? Y cuánto estás controlando tu cuerpo y ser ¿cuánta vida estás apagando? No es sorpresa que las personas se están deprimiendo por la cantidad de energía que están suprimiendo y controlando en su ser y su cuerpo. No es sorpresa que las personas están creando dolor y sufrimiento y tensión en sus músculos. Si pasas tu vida entera trabajando con no ser tú, y aún más arduamente para encajar en lo que te ha sido dado como realidad, es seguro que te volverás loco.

¿Cuánta de tu locura estás creando como un intento de ser normal?

¿Qué? Sé que no hace ningún sentido lógico. Te estoy diciendo que la locura y las enfermedades mentales no son ni poquito lógicas. La mayoría del dolor y sufrimiento no es cognitivo o lógico; es creado en algún punto por alguna razón que las personas no recuerdan. Y ni siquiera es relevante la razón por la que están sufriendo. Muchas modalidades buscan la causa como si eso fuera a cambiar el problema.

¿Ha cambiado algo para ti cuando descubriste por qué estabas sufriendo? Buscar la razón es buscar lo que está mal en tu cabeza, en tu mente. ¿Y qué creó el problema en primer lugar? Sí, tu pensamiento, tus cogniciones, tu mente. Así que tratar de resolver por qué tienes un problema es tratar de buscar la solución en el mismo lugar donde lo creaste. Interesante. Ahí es donde las personas se pierden a sí mismos en sus propias cabezas.

Si no resolvieras tus problemas pensando ¿de qué estarías consciente?

¿Quién creó el problema? Cuando empiezas a reconocer que eres tú quien creó el problema, tienes la oportunidad de elegir de nuevo. ¿No son esas grandes noticias? Tú creaste el problema en primer lugar, lo que quiere decir que tú eres quien puede descrearlo. Así que, si no te compraras lo incorrecto de ti, si no pensaras que eres débil y patético ¿de qué potencia de cambio podrías estar consciente?

¿De qué eres realmente capaz que aún no has reconocido?

¿Qué tal si pudieras cambiar cualquier cosa de tu vida? ¿Cualquier cosa? Simplemente haciendo preguntas. Elige un área de tu vida y pregunta "universo ¿qué tomaría para que esto cambie y que fuera más grandioso y fácil de lo que jamás me he imaginado?" ¿qué tal si tu trabajo fuera simplemente preguntar y permitirle al universo a que te contribuya. ¿Fácil? Sí.

Así que ¿cuánta de tu locura y enfermedad mental has creado para encajar en esta realidad? Las enfermedades mentales y la locura son creaciones, no son reales. Quiere decir que no encajas en la norma y eso quiere decir que el que tú no encajes en la norma está mal. Así que, para por lo menos encajar un poquito, te creas a ti mismo como mentalmente insano. Así qué ¿quién eres realmente que nunca has reconocido?

¿Qué tal que en lugar de penar por el pasado y estar triste acerca de cómo fuiste tratado pudieras tratarte como deberías haber sido tratado? ¿qué tal que fueras tu propia pareja ensoñada? ¿cómo te tratarías a ti mismo? ¿qué tal que fueras tu propio mejor amante? ¿qué elegirías?

CAPÍTULO DIECIOCHO

LA FELICIDAD ES SÓLO UNA ELECCIÓN

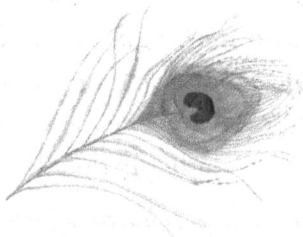

E l título de este capítulo quizá sea provocador si has estado convencido de que la felicidad sólo está disponible para algunas muy privilegiadas personas en este planeta y que tú no eres una de esas muy importantes personas. ¿Has decidido que la felicidad no es una elección que tú tengas? ¿cuántas razones y justificaciones tienes convenciéndote a ti mismo de que la felicidad no es una posibilidad para ti? "mi infancia, mis padres, mi cuerpo, mi situación económica, mi esto y lo otro…" ¿qué has decidido que te impide ser feliz?

¿Qué tal si la felicidad es una *elección* que tienes disponible? ¿Qué tal si puedes demandar esto de ti mismo?:

No importa cuál fue mi pasado, no importa quién decidí que soy, dejaré ir esto ahora y abriré la puerta a más de mi, a la felicidad que en verdad soy.

Cuando algo surja en tu vida que no sea ligero, vuele a elegir. Sí. Sólo elige de nuevo y vuelve a orientarte.

Pon la "felicidad" como tu GPS personal y toma el siguiente camino para llegar ahí.

Hemos aprendido a arreglar problemas, a lidiar con problemas y a resolverlos. ¿Qué tal que en su lugar haces una pregunta como "¿puedo cambiar esto?" Si te llega que no, vuelve a orientarte y toma otro camino, elige algo más que sea más ligero. ¿Por qué arreglar algo que no es arreglable? solo elige algo más. Cuando arreglas un problema que no es arreglable, te atoras en él, te pierdes a ti mismo en él, y apagas tu consciencia respecto a lo que es posible más allá del problema. En lugar de ello pregunta:

¿Qué más es posible aquí? ¿Qué más puedo elegir que me mantenga yendo hacia adelante?

Elige lo que sea que se presente como ligero y como una posibilidad diferente que empate con la energía de lo que deseas crear. Sí, es desvergonzadamente fácil. ¿cuánto de tu vida has pasado arreglando tus problemas y los de otros? ¿y cuál fue el resultado de eso? ¿creó lo que tú deseabas o te llevó más allá profundo al agujero? ¿cuántas veces has hecho esa rutina? ¿es momento de una rutina nueva? ¿por qué continuar con lo que no funciona en lugar de tratar algo completamente diferente, incluso si la mayoría de las personas lo llaman como algo loco o equivocado? Haz lo que funcione para ti.

Revisa tu vida y voltea a ver las veces cuando elegiste algo que era correcto para ti a pesar de que para las personas de tu alrededor tuvieran el punto de vista que era algo totalmente loco y equivocado. ¿Esa elección hizo que tu vida fuera más grande y mejor o más pequeña y peor?

Elegir lo que es correcto para ti, lo que te hace ligero y aligera tu universo expandirá tu vida ya que equipara la vibración de quien eres realmente, como ser. Es equiparable a lo que tú quisieras crear. Eres consciencia encarnada. La vibración de lo que eres realmente es ligera y gozosa y pacífica. Todo lo demás son las limitaciones que has hecho reales. Lo real es sólo lo que haces real y con lo que estás de acuerdo y te alineas o resistes y reaccionas a ello.

Ser feliz es una elección que tienes disponible todo el tiempo.

¿Has notado que los únicos momentos cuando tienes un problema es cuando no reconoces tu potencia para cambiar lo que está pasando? ¿te haces a ti mismo menos potente de lo que eres realmente y estás de acuerdo con el hecho de que tienes un problema y que no lo puedes cambiar? Hacer una pregunta cambiará eso inmediatamente.

¿Qué otras elecciones y posibilidades están disponibles para ti? Esa pregunta por sí misma abre una nueva puerta donde tú pensabas que no había puerta. Te puedes dar cuenta de algo diferente. No es acerca de obtener una imagen y una palabra o un enunciado de lo que lo otro es. Te da un sentido de que hay algo más. Una toma de consciencia de una energía que probablemente va más allá de las palabras. Lo único que tienes que hacer es elegir aquello que sea equiparable a la energía para crear algo diferente en tu vida.

Hazlo. Entre más lo hagas, se volverá más fácil para ti. No hay nada en que te puedas equivocar.

Las personas usualmente tienen un área determinada en sus vidas en donde se perciben a sí mismas como si estuvieran atoradas: sus finanzas, sus relaciones, su cuerpo, su negocio. ¿Cuál es esta área en tu vida donde has decidido que tienes un problema que no puedes cambiar? Cuando decides que tienes un problema vas y buscas la evidencia que apoye que tienes un problema. Buscas las justificaciones para hacer de tu problema algo real y sólido. Es como ponerle cemento a algo que has decidido que es tu problema y después agregar ladrillos cada vez que tú estás de acuerdo con el punto de vista de que tienes un problema.

Si decides que tienes problemas de dinero, cada vez que ves tu cuenta de banco dices "oh por Dios, tengo tan poco dinero, no podré pagar mis cuentas." Si decides que tienes problemas con tu pareja dirás: "¿ves? no volvió a sacar la basura, realmente no le importó." Si decides que tienes problemas con tu cuerpo, vas y buscas lo que está mal en tu cuerpo. Estos son todos los lugares en donde no haces preguntas y decides que hay un problema y después te convences a ti mismo que en realidad es un problema que no se puede cambiar.

Las áreas que las personas nombran como áreas problema son los lugares en donde no hacen preguntas. Así que ¿en qué áreas de tu vida no haces preguntas y ya has decidido que no hay esperanza? ¿qué tal que empezaras a hacer preguntas con todo lo que no es ligero y no es de la forma en que deseas que sea?

Haz las cuatro preguntas:

¿Qué es esto?

¿Qué hago con esto?

¿Lo puedo cambiar?

¿Cómo lo cambio?

Estas cuatro preguntas pueden cambiar cualquier situación. No se trata de encontrar la respuesta a estas cuatro preguntas. Es acerca de abrirte a más consciencia para que puedas ver la situación en la que estás desde una perspectiva diferente. En lugar de llegar a una conclusión como "oh estoy tan atorado, soy tan malo, me siento tan triste" pregunta qué es, si lo puedes cambiar, y cómo lo puedes cambiar.

Después de preguntar si lo puedes cambiar, algunas veces percibirás que no. Eso te permite estar más en paz y más relajado; sabiendo que lo puedes dejar ser y que puedes dejar de trabajar tan arduamente para cambiar algo que no se puede cambiar en ese momento.

Cuando trabajo con clientes tengo esas cuatro preguntas conmigo todo el tiempo. Los clientes me cuentan sus problemas y, en mi cabeza, pregunto "¿qué es eso? ¿qué hago con eso? ¿lo puedo cambiar? ¿cómo lo cambio?" Después de cada pregunta, espero tomar consciencia. La consciencia no es una respuesta; es una energía, como la puerta que se abre que me permite saber a dónde ir después.

¿Qué tal que la vida no fuera acerca de lidiar con problemas y tener tolerancia por el sufrimiento sino acerca de disfrutar la vida y disfrutar de ser tú? ¿cuánto más puedes generar y crear si fueras el gozo de ti? ¿cuánta más facilidad tendrías?

¿Estás dispuesto a tener esto? ¿estás dispuesto a decir adiós al viejo paradigma de ser alguien que resuelve problemas y que tolera la mierda y ser quien elimina la mierda? ¿qué tal si agregaras una nueva rutina? ¿disfrutar tu vida y elegir la rutina ligera?

Está bien ser feliz. Te puedes sentar y disfrutar del movimiento.

CAPÍTULO DIECINUEVE

¿LA MAYORÍA REALMENTE GANA?

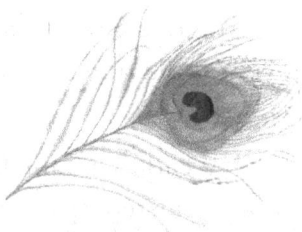

Veamos un concepto que es gran parte de esta realidad: la mayoría gana. Quiere decir que una mayoría numérica de un grupo mantiene el poder para tomar decisiones vinculantes a todo el grupo. Revisitemos el mundo de los diagnósticos, los cuales son una gran parte del cuidado de la salud. El practicante está obligado a diagnosticar a cada paciente que viene a una revisión. Sus síntomas están categorizados en cajas con nombres, los supuestamente llamados: diagnósticos.

¿En qué están esas cajas, estos diagnósticos, basados? Todo el sistema de categorización está basado en la idea de que la mayoría gana. La forma en que la mayoría de la población vive y se comporta y piensa y siente, es considerado lo normal. Esta es la norma, supuestamente llamada bajo la cual se compara al resto. La comparación está basada en el juicio. Ves a una persona y juzgas que encajan en esa norma o no. Después la conclusión se forma. Esta es una ecuación que es parte de la mayoría de las personas, todo el tiempo. Entras a un café y miras a tu alrededor, buscando un lugar en donde te gustaría sentarte basado en la información que recibes acerca de las personas sentadas en el café, de cómo se ven, cómo actúan, si se están sentados solos o no, y formas juicios y conclusiones acerca de lo que estás consciente y de si las personas entran en la norma o no. Nadie se quiere sentar al lado de alguien que se vea demasiado raro, lo que quiere decir que no encajan en la norma.

En todos los lugares y cada vez que la gente interactúa, juzgan a los otros y a sí mismos para actuar, verse, pensar y sentir de acuerdo a lo que es normal. Así es como la realidad es creada. Por lo menos dos personas están de acuerdo y se alinean con un punto de vista suficientemente sólido como para usarlo de referencia para juzgar otros puntos de vista como correctos o incorrectos. Entre más sólido es, más real lo ven las personas. Y se convierte en "el asunto." Lo que sea que sea "el asunto", se convierte en más real que cualquier otra cosa. Se convierte en la guía, el estándar. Cualquier otra cosa que no encaje en el estándar, no puede entrar en la consciencia de las personas porque es demasiado diferente. Se sienta ahí como un elefante enorme. Esto es la creación de la limitación. Buscando un lugar para sentarse en el café, te enfocarás en las personas que cumplan con el estándar, los normales. ¿Y si hubiera personas que no cumplen con la norma pero sentarte junto a ellos y hablar con ellos te inspirara a cambiar tu mundo?

Muchas personas que están buscando una pareja, usualmente buscan a la misma persona con la que han estado en una relación en el pasado, sólo que con un cuerpo diferente porque estas personas cumplen con su estándar. Es familiar.

Crearon los mismos problemas una y otra vez al tratar de mantener el tipo de vida que han juzgado es normal.

¿Qué has juzgado como normal que mantiene tus limitaciones? Todo lo que eso es ¿lo destruyes y descreas? Gracias.

Acertado y equivocado, bueno y malo, POD y POC, todos los 9, cortos, chicos y más allá.

¿Qué tal que pudieras ser la pregunta que permitiera percibir posibilidades más grandiosas todo el tiempo?

¿Notas cómo esa última pregunta fue más ligera que la primera parte de este capítulo? De nuevo, lo que te hace sentir ligero es lo correcto. Es fácil. ¿Qué tal que pudieras hacer una pregunta cada vez que tú o alguien más presentara "su asunto" y que te hace sentir tan pesado? Pregunta: "¿cuál es la mentira aquí, dicha o no dicha?" En cuanto encuentras la mentira, ya no te atora y eres libre. Dejas de pensar en ello. La mayoría gana. ¿Ligero o pesado? ¿Qué tal si la mayoría gana fuera solo un interesante punto de vista? No correcto o incorrecto, nada a qué reaccionar en contra o resistir o para estar de acuerdo o alinearte con, solo un interesante punto de vista.

Estaba en una tienda el otro día comprando algo de lencería y tomé una prenda de la talla que usualmente uso. Lo vi y dije "uhm, es un poco grande para mi talla ¿qué está pasando?" La vendedora me vió y respondió a mi pregunta no verbal "esa no es su talla, madame. Elija una más pequeña, acabamos de cambiar toda nuestra ropa para que sea igual al estándar europeo, es decir, todos han bajado una talla."

¿Qué tan cómico es eso? Todo el estándar del tamaño de ropa ha cambiado porque la mayoría de las personas se han vuelto más grandes y más grandes, y ahora hay un nuevo estándar. Solía ser talla mediana y ahora ya no soy parte del promedio, ahora estoy por debajo del promedio.

¿Qué tal eso para algo divertido? Y algo inteligente también. Incluso, muchas personas se sienten mejor acerca sí mismas si han perdido una talla sin haber hecho nada. Seguro, es una gran forma de que las personas compren más.

Todo es sólo un interesante punto de vista y no es real. todo puede cambiar.

Lo que es normal y no es normal en esta realidad está basado en una distribución normal, dictada por la mayoría. En la curva de bell 68% están en la mitad y lo que es considerado normal y promedio y el resto está ya sea, por arriba o por abajo. Lo que las personas hacen es tratar de encontrar su lugar en esta realidad respecto al lugar donde la mayoría está funcionando. Algunas personas se ponen a sí mismas en medio en donde la mayoría está y algunas eligen ser más grandiosas y algunas eligen serlo menos. Si, hay elección.

¿En dónde te has colocado a ti mismo en el esquema de esta realidad? ¿Estás poniéndote a ti mismo en donde la mayoría está o te estás haciendo a ti mismo menos o más?

Considera las diferentes áreas de tu vida y en dónde te colocas a ti mismo en estas áreas. Quizá te permitas a ti mismo ser más grandioso que la mayoría de las personas en el área de las relaciones o menos que la mayoría en el área del dinero. O al revés.

Te invito a que te des cuenta que las personas constantemente están computando y calculando lo que es normal tener y ser. Cuánto dinero es normal y promedio tener; cuánto éxito en los negocios es normal tener; cuántos hijos; y así sucesivamente, y después calculan en dónde tendrían que estar en relación a los ideales de esta realidad. ¿Cuánta elección realmente te permite eso? No mucha. ¿Alguna vez has preguntado lo que te gustaría ser y crear como tu vida que quizá no encaje en los ideales de esta realidad?

¿Qué te hace feliz que quizá no sea normal?

Si pasas tu vida tratando de encajar y ser normal nunca sabrás lo que te hace feliz. ¿Qué tal si tú y tu realidad fueran más allá de la maximización de esta realidad? Muy fuera de la escala. ¿Cuánta elección y acceso a la grandeza de ti tendrías?

Encontrando tu lugar en la realidad con una enfermedad mental

Las enfermedades mentales son una forma de colocarte a ti mismo en el promedio inferior de la curva de bell, pero aún estando dentro de la curva de la normalidad. La enfermedad mental es una forma de encajar, una forma de encontrar el lugar de uno en esta realidad. Crea un universo conflictual en donde uno disfruta de ser diferente pero no está dispuesto a ser demasiado diferente y crea resistencia en contra de ser demasiado diferente y una razón y justificación para aún encajar.

La resistencia a ser totalmente diferente y el forzarte a encajar, crean mucho sufrimiento y dolor psicológico y fisiológico. Las personas con enfermedad mental tienen una forma de defender esta realidad y una forma de defender lo que las personas creen que son.

Por ejemplo, TDAH, TOC, autismo y bipolaridad son formas de desviarse lo más posible de donde funciona la mayoría, sin estar totalmente loco. Estas son opciones que las personas toman para dar la impresión de estar discapacitados. De hecho, reconocer y recibir sus capacidades les permitiría ir más allá de la escala y ser y recibir la grandeza que en verdad son.

Para hacer real tu enfermedad mental ¿cuánto de tu consciencia tienes que cortar para aceptar y alinearte con ese punto de vista? Es interesante que las personas asuman que algo es lo correcto porque hay muchas personas comportándose de cierta manera. ¿Cuánta energía usas diariamente para hacer de eso una realidad para ti?

Percibe esa energía en este momento. Conecta con tu cuerpo tomando una respiración profunda y déjalo ir desde la cabeza hasta los dedos de los pies, y percibe la energía que está encerrada en tu cuerpo para hacerte normal. Ahora pregunta:

¿Qué energía, espacio y consciencia podemos ser mi cuerpo y yo para usar esa energía para ser yo y crear mi vida?

Ahora que has hecho esa pregunta, percibe la energía. ¿Es diferente? No hay ninguna forma correcta en que tengas que sentir. Solo permite que cambie en tu mundo. Quizá necesites dejar ir la necesidad de controlar tu vida y a ti mismo. Dejar ir el control ¿qué es lo que dice tu cuerpo acerca de eso? ¿lo escuchas festejando?

¿Qué tal si estar fuera de control es la forma de ganar control total? Estar fuera de control quiere decir estar totalmente consciente y recibiendo toda la información todo el tiempo. Te permite saber qué paso tomar y cuándo crear tu realidad, ya que dejarás de tratar de resolver con tu cerebro lo que es correcto e incorrecto y bueno y malo. Pregunta:

¿Qué tomaría para estar totalmente fuera de control, fuera de forma, estructura y significado?

Este es el lugar donde puedes ser todo y crearte a ti mismo de nuevo y diferente todo el tiempo. Total elección. ¿Es divertido?

¿Qué grandes y gloriosas aventuras te esperan?

CAPÍTULO VEINTE

FOBIA AL ESPACIO ¿EVITAS EL ESPACIO?

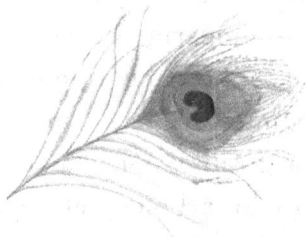

Me divertí el otro día, como me divierto todos los días. Estaba en mi apartamento y no tenía nada específicamente planeado, y cuando me senté me di cuenta que realmente no había ningún lugar al que tuviera que ir. No había ninguna necesidad en mi mundo de hacer nada o de encontrarme con nadie. Ninguna necesidad de salir a comer comida deliciosa. Ni siquiera la necesidad de llenar el espacio con pensamientos. Solamente espacio y ninguna necesidad.

La toma de consciencia que tuve fue "wow ¿cuánto es ese el espacio que las personas evitan? El espacio que las personas llenan con pensamientos, sentimientos, sexo, relación o hacer algo" Este espacio es tan incómodo para la mayoría de las personas ya que no hay necesidad, ningún estándar o punto de referencia diciéndote a dónde ir o qué hacer. El espacio de la elección total. El espacio en el que puedes crear lo que realmente te gustaría.

Solamente por diversión inventé el nombre de "fobia al espacio." El espacio que la mayoría de las personas evita como puede, como si fuera una plaga, a tal grado que tienen fobia de ser ese espacio.

El otro día estuve en un festival de caballos y estaba tan lleno de gente que podía sentir la irritación que surgía de todos al estar tantas personas en el mismo lugar. Sabía que tenía la elección de ahogarme en la irritación e irritarme a mí misma, o de ser el espacio donde la irritación no me afectara. Elegí expandir mi energía más allá del festival, tan grande como fuera posible, conectar con los caballos y la naturaleza, la Tierra, los árboles y el océano, y me pedí a mí misma y a mi cuerpo que fuéramos esa vibración. Lo único que se requirió fue elegir y pedir ser esa vibración. No tuve que hacer nada especial o hacer algún ritual para ser ese espacio. Simplemente me conecté.

Lo que sucedió fue que todo empezó a estar en paz y en calma. Simplemente estaba consciente de la vibración que se creó con los pensamientos y puntos de vista de los otros y yo estaba totalmente calmada al respecto. Y después de un rato supe que era momento de que yo me fuera.

Lo interesante es que percibí a tantos cuerpos de tantas personas queriendo ir a algún otro lado, excepto que no lo escucharon. Habían decidido que tenían que quedarse en el festival por el tiempo que habían decidido que era lo correcto. Todas estas personas, con sus pensamientos y sentimientos, han creado una solidez que llaman realidad con la que están cómodos, ya que es familiar para ellos. Prefieren quedarse en esa familiaridad y estar irritados que escuchar lo que sus cuerpos les dicen respecto a qué más es posible para tener más facilidad. A pesar de que sus cuerpos les estaban gritando pidiendo que fueran a otro lado, no podían escucharlos debido a todo lo que ya habían decidido.

Este es un ejemplo donde las personas hacen todo lo que pueden para no ser el espacio que en verdad son. Tienen una adicción a llenar ese espacio que son con la polaridad de pensamientos y los sentimientos y las cosas que hacer y las personas que conocer y las relaciones que crear y los negocios por hacer.

Otro ejemplo es el drama y el trauma que las personas crean, comparado con los cuales, las telenovelas son aburridas. Donde las personas eligen peleas o se hacen las víctimas para crear el drama que las entretiene lo suficiente para no estar aburridas.

Tengo un amigo que es un ser brillante, cariñoso y potente y en cuanto empezaba a ser ese espacio que es realmente y cada vez que estaba a punto de crear algo fenomenal en su vida, elegía empezar una relación con una mujer que lo regresaba a donde estaba antes, o le permitía a su ex-esposa torturarlo y juzgarlo por ser exitoso. Él no creaba sus relaciones para expandir y contribuir para ser la genialidad que es. No, él elegía hacer a las mujeres las respuestas y los puntos de referencia para no dejar de tocar base con esta realidad, para ser controlado y para asegurarse de no estar solo.

¿Puede un ser infinito estar solo? Esa mentira es la que hace que tantas personas entren a una relación que no funciona para ellos. Prefieren tener una mala relación que no tener una. ¿Cómo puede ser?

¿Qué estás usando para mantenerte anclado a esta realidad y a lo que es real y normal? ¿A quién y a qué estás usando para controlarte para que nunca te presentes como la genialidad de ti? ¿quién

o qué es tu carcelero eterno que te mantiene prisionero por toda la eternidad?

¿Es ahora el momento de destruir y descrear todo lo que hayas creado para mantener eso en su lugar? Solo di que "sí" para ti mismo si eliges cambiarlo. Eso es todo lo que se requiere.

¿Qué es posible más allá de eso? El espacio más allá de los pensamientos, los sentimientos, las emociones, los puntos de vista, las conclusiones, las proyecciones, las expectativas, los juicios, los rechazos y las separaciones. Estas son todas las cosas que usas para hacerte sentirte como los demás. Ser espacio no tiene valor en esta realidad ya que no puedes hacerlo cognitivo o describirlo. El espacio que eres realmente y que ya eres es en donde tú puedes ser tú, como el mar, el sol, la tierra y los animales. El espacio donde eres la pregunta, la elección, la posibilidad, la contribución y en donde te puedes crear. En donde puedes crear tu vida, tu negocio, tus amistades, tu dinero, de la forma en la que realmente lo deseas.

¿Cómo?

Pídelo y después permite que se muestre, cuando se muestre y de la forma en la que se muestre. "¿Qué tomaría para que tenga más dinero de lo que jamás pudiera gastar?" Y recibir la información acerca de lo que tomaría para que lo crees. No te apresures. No concluyas que no se presentará porque ayer no se presentó. Haz la pregunta para cualquier cosa que quieras crear:

¿Qué tomaría para que ... se presentara?

Ser el espacio de ti es cuando no haces ningún punto de vista o juicio real o significativo. Recibes todo y no juzgas nada. No eres el efecto de nada, ya que permites que todo venga a ti con facilidad, gozo y gloria, y permites que todo te contribuya a ti, a tu cuerpo y a tu vida. Ser ese espacio hace que seas el catalizador para un mundo completamente diferente. Al estar en total permisión, las personas alrededor de ti no podrán seguir aferrándose a sus puntos de vista fijos. Se derriten en tu presencia. Todo lo que son invenciones como pensamientos, sentimientos y emociones, juicios y puntos de vista se disipan ante tu presencia. Y eso es lo que invita a las personas alrededor de ti, a que elijan.

¡Todo en la vida llega a ti con facilidad, gozo y gloria!

Este es un mantra que puedes utilizar para recibir todo en la vida con facilidad, gozo y gloria, lo bueno, lo malo y feo. ¡Di esto diez veces en la mañana y después diez veces por la tarde y la facilidad vendrá a ti!

Capítulo Veintiuno

Ten precaución con los llamados expertos

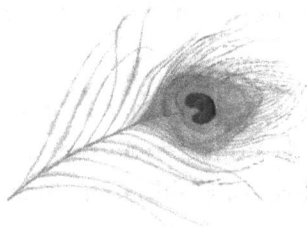

Hay muchos expertos en esta realidad. Los expertos son las personas que tienen el rol de ser quienes tienen las respuestas. Los expertos usualmente tienen credenciales, ya sean académicas o de otro tipo. Doctores, terapeutas, psicólogos, trabajadores sociales y consultores, son algunos de los expertos en esta realidad.

Ser un experto es algo que raramente se cuestiona. Las personas declaran ser expertos en todo tipo de áreas. Son expertos porque dicen que lo son, no porque sepan más. Muchos expertos, especialmente si se llaman a sí mismos expertos, le dicen a sus clientes cómo lo que han hecho hasta ahora no está funcionando, y que ellos como expertos tienen la respuesta y la solución.

Al ver la respuesta de los expertos haces el punto de vista de alguien más, más valioso que lo que tú sabes. Dejas de escucharte a ti mismo a favor del punto de vista de los expertos. Te juzgas a ti mismo por hacer lo correcto o lo incorrecto. Aquí es donde tratas de encontrar lo que tendrías que hacer que te haga bien, para que puedas evitar estar equivocado. ¿Eso crea libertad para ti? ¿crea lo que realmente funciona para ti?

❋ ❋ ❋

En uno de mis viajes hablé con un doctor que ve a muchos pacientes que fuman en exceso y cuyos pulmones están severamente lastimados. Él estaba convencido de que la mayoría de ellos dejarían de fumar, si tan solo pudieran hacerlo.

Al escuchar esto ¿eso te hace sentir ligero o pesado? ¿Esa es una toma de consciencia o es una respuesta? ¿Ese punto de vista abre posibilidades más grandiosas o no? ¿Cuánto este doctor se estaba comprando las mentiras acerca de que sus pacientes querían dejar de fumar, simplemente porque lo decían? ¿Y cuánto crees que estaba encontrando evidencia diariamente de que su punto de vista era el correcto? Cada paciente que dice que le gustaría dejar de fumar pero no puede, está haciendo su punto de vista más fuerte, convenciéndose de que a las personas les cuesta mucho trabajo dejar de fumar. Al comprarse esos puntos de vista, está alimentando con respuestas a sus pacientes, convenciéndolos de su propio punto de vista. Esto no tiene nada que ver con el empoderamiento.

No estoy diciendo que el doctor está equivocado. Te estoy invitando a que veas que esto está pasando diariamente en esta realidad.

Las personas se alimentan a sí mismas y a los demás con mentiras, adentrándonse cada vez más profundamente en el abismo de su sufrimiento sin siquiera hacer una pregunta. ¿Qué tal si pudieras usar preguntas para empoderarte a ti mismo y a otros? ¿Qué tal ser honesto y preguntarte a ti mismo:

Verdad ¿realmente me gustaría cambiar esto, realmente me gustaría tener una posibilidad diferente que el sufrimiento que estoy eligiendo?

Si te llega que "no", genial. Entonces sabes cuál es tu punto de vista en ese momento. Sabes que realmente no deseas cambiar nada y puedes dejar de esforzarte tanto en cambiar algo que no estás interesado en cambiar. Esto es como si tu mano derecha está peleando con tu mano izquierda y lo único que pasa es que te duele más. No hay nada de malo o incorrecto con no querer cambiar nada. Es sólo una elección. Cuando te das cuenta que no estás interesado en cambiar, abres la puerta a todavía más elección. Puedes preguntarte a ti mismo:

¿El no querer cambiar funciona para mí? ¿Cuál es el valor de aferrarme a mi dolor y sufrimiento?

No necesitas ponerle palabras a lo que surja. Sólo pregunta: "¿lo que sea que surja al hacer estas preguntas, lo destruyo y descreo todo?" Y si recibes un "sí" para ti, usa el enunciado aclarador para disipar la limitación.

Acertado y equivocado, bueno y malo, POD y POC, todos los 9, cortos, chicos y más allás.

Recomiendo hacer esto muchas veces ya que cada repetición elimina otra capa de limitaciones.

La razón por la que las personas no desean cambiar, no me hace ningún sentido ya que hay mucho sufrimiento involucrado. Si fuera algo lógico y entendible entonces no había problemas en el mundo. Ya habríamos encontrado las soluciones hace mucho tiempo.

Muchas personas esperan bastante tiempo y sufren mucho antes de elegir algo diferente. No hay nada de malo en ello. Algunas veces la auto tortura tiene que doler lo suficiente para que las personas demanden algo diferente. "No, no deseo este cambio" puede convertirse en "Sí, estoy eligiendo cambiar." Lo que se requiere es que primero te des cuenta del "no" antes de que llegues al "sí." Una vez que eliges "sí" cambairlo es mucho más fácil de lo que piensas.

Noventa por ciento de lo que se requiere para cambiar hacia algo más grandioso es la elección de demandar "sí, voy a cambiar esto ahora, haciendo lo que sea que se requiera." No esperes que las cosas sean diferentes al segundo siguiente. Dale algo de tiempo. Al demandar de ti mismo el tener algo más grandioso, ya has abierto la puerta y el resto lo seguirá. Si te toma más tiempo de lo que te imaginas, no te des por vencido, no llegues a ninguna conclusión de que no funciona. El que tú llegues a una conclusión de que no funciona, detiene lo que has empezado a crear. Sigue pidiendo algo más grandioso y elige lo que haga tu vida más sencilla. Tienes todo lo que se requiere para que creas todo lo que realmente deseas. No hay nada ni nadie que pueda detenerte a menos de que se lo permitas.

Todo es lo opuesto a lo que parece ser, y nada es lo opuesto a lo que parece ser

El ejemplo con el doctor es la forma en que los expertos usan su rol para darle a otras personas la respuesta de lo que piensan que es correcto, sin estar dispuestos a ver lo que está pasando o haciendo preguntas que crean algo diferente. Empoderar personas, ya sea que tengas un rol de experto o no, es mucho más fácil de lo que piensas que es.

Puedes ser tan tonto como un chorlito para empoderar a las personas para ser quien son realmente.

Todo es lo opuesto a lo que parece ser, nada es lo opuesto a lo que parece ser. ¿Tonto y genio?

Empoderar a las personas es fácil y divertido. ¿Qué quiero decir? No tienes que tener ninguna respuesta; les haces preguntas a las personas para facilitarles que descubran lo que es verdad para ellos. Como experto tienes las respuestas listas y esas respuestas son más importantes que nada más. Cada vez que vas a un doctor ¿le preguntas a ti y a tu cuerpo lo que requiere? ¿O confías en que el doctor tenga la respuesta correcta para ti? ¿Cómo es que el doctor saber más? Quizá tenga más información que tú en ese sentido, pero eso no quiere decir que sepa más que tú. Podrías recibir la información del experto y preguntarte a ti mismo y a tu cuerpo: "verdad ¿qué es lo que sabes de esto? ¿Qué funcionará para mi? ¿Qué hará mi vida más sencilla? Cuerpo, ¿qué es lo que requieres?"

Tú sabes. Entre más te preguntes a ti mismo, más fácil será para ti saber. Es ir fortaleciendo un músculo. Cada vez que dependes de alguien o de algo más, dejas de lado tu poder y estás al efecto del punto de vista de alguien más. Esta es una falta enorme de servicio hacia ti mismo y hacia el mundo. Lo que tú sabes es un regalo para el mundo.

Hay muchos expertos que están convencidos de que las personas no saben. Mantienen el punto de vista de que están muy enfermos para saber, que están muy discapacitados para saber. Nadie ni nada puede quitarte tu saber. Es quien eres. Nada puede quitarte quien eres. Ninguna enfermedad, ninguna persona, nada. Lo que tú sabes y eres puede estar nublado y sea difícil de acceder a él cuando las personas están enfermas, toman drogas, o están etiquetadas como "mentalmente enfermas." Puedes elegir ser quien eres y saber lo que sabes.

Como experto puedes elegir hacer tu educación el producto valioso, o puedes usar tu papel para empoderar a las personas a que sepan que saben.

Ser inútil

Los terapeutas a menudo me preguntan acerca de la ruta que tomo cuando tengo sesiones con mis clientes. Mi acercamiento es, antes de empezar una sesión, haz la pregunta "¿qué tan inútil puedo ser aquí?" Para muchos expertos eso les detona risa o se quedan boquiabiertos. "¿A qué te refieres con inútil?" ¿empiezas siendo útil y después pasas a inútil? ¿cómo funciona eso? Empiezo siendo inútil y continúo siendo inútil.

Lo que hemos aprendido como expertos es a ser útiles; se supone que tenemos que arreglar y lidiar con el problema, tener la respuesta correcta, la solución y hacer lo que es correcto y lo que salve al cliente. ¿Qué tan bien funciona eso? Los expertos toman mucha responsabilidad. ¿Qué tan divertido es tener esa responsabilidad sobre tus hombros? Sí, divertido. ¿Por qué estás haciendo tu trabajo? ¿para sufrir o para divertirte? Sé que la diversión no es algo que está permitido en los terrenos de los expertos.

Lo es para mí. Rompo la regla de la seriedad. ¿Qué tal tú?

Ser responsable por el resultado de tu trabajo cuando involucra a otra persona coloca mucha presión en el experto. No es la elección más inteligente. Si te estás enojando con esta conversación, quizá quieras voltear a ver esto tú mismo.

¿Qué estás resistiendo ser y elegir que si lo fueras y lo eligieras expandiría tu práctica y tu vida más allá de lo que pensaste posible?

¿Qué libertad te podrías dar a ti mismo que expandiría toda tu vida? Si te haces responsable por lo que otra persona elija, o tienes un interés personal a que el resultado sea que el cliente tiene que mejorar, quizá notarás que tu trabajo se vuelve bastante difícil. Y la pregunta es: "¿esto es empoderador para la otra persona?" ¿Le estás dando espacio para que elija por sí misma?

Solía pensar que tenía que arreglar a todos, hacerlos felices y que la meta de las sesiones era que las personas se volvieran más sensatas y que ellos pudieran superar sus problemas. Estaba cansada y drenada al final de una jornada de trabajo y los fines de semana, principalmente dormía. Sabía que esto tenía que cambiar.

Empecé a darme cuenta que no era mi responsabilidad si las personas elegían cambiar o no. Puedo darles las herramientas, la información y procesos para dejarles saber que ellos tienen elección. Lo que ellos elijan después depende de ellos. Ese es el mayor cuidado y empoderamiento, que las personas elijan lo que necesitan elegir sin tener un punto de vista. No soy su salvadora ni necesito pensar que debería ayudarles. Puedo empoderarlos a que sepan que tienen elección.

Ser inútil cuando me reúno con mis clientes crea un mayor espacio donde las personas pueden explorar en dónde están y lo que les gustaría elegir. Es donde llego sin respuestas o puntos de vista de a dónde tendría que ir la sesión o lo que tendríamos que cubrir o cuál tendría que ser el resultado. Me saca de tener que tener las respuestas y probar que estoy siendo útil, lo cual crea una relajación en mí y en mi cliente.

¿Has tenido alguna sesión con un experto que trató desesperadamente de darte respuestas, hacerte cambiar convencerte de que su método te salvaría? ¿Qué tal funcionó eso? Sé que he sido una experta como esas cada vez que pensaba que yo sabía más que mi cliente, y sé lo contractivo que fue para mí y para el cliente. No me llevó a ningún lado y el resultado fue que me sentía como una fracasada y probablemente mi cliente también.

La mayoría de los terapeutas están esperando un resultado específico acerca de lo que cada cliente tendría que recibir de una sesión y que su vida tendría que cambiar. ¿Qué tal si dependiera del cliente si quiere cambiar o no? dejar ir lo que esperas como resultado cuando eres terapeuta crea más facilidad tanto para el terapeuta como para el cliente.

Dejar de esperar un resultado como terapeuta crea más facilidad para el terapeuta y el cliente. Los clientes saben cuando los terapeutas quieren cambiarlos y cómo. Tienen un sexto sentido para ello y los hace trabajar más duro de lo que deberían para ser lo que el terapeuta quiere que sea, en lugar de permitir que sea fácil. O el cliente resiste y reacciona y el terapeuta y detiene el cambio que es posible. ¿Qué tal si el terapeuta simplemente proveyera las herramientas y el cliente elige si, cómo y cuándo aplicarlas?

Ser inútil me permite a mí y a mi cuerpo relajarnos y hacer las preguntas que abren la toma de consciencia del cliente. Es no tener punto de vista de nada, disfrutar de facilitar sin tener un objetivo en mente, ser el espacio para que las posibilidades se presenten y permitirle al cliente y a mí sorprendernos acerca de lo que realmente es posible más allá de la invención de la limitación. Crea ligereza y facilidad ya que ambos están en modo exploración. Muchos "momentos de eureka" se presentan y el cliente puede aprender a confiar en su saber y a no depender de mí.

Sexualness

¿En dónde entra el sexualness en esta conversación? Sexualness es una gran parte de ser, crear y facilitar cambio.

Sexualness es la energía sanadora, nutritiva, expansiva, orgásmica y gozosa que infunde nuestro cuerpo. Es nuestro estado natural de ser. Los niños están muy familiarizados con esta energía. Son seres altamente sexuales. Llegan disfrutando de sí mismos y de sus cuerpos, siempre buscando con quién pueden jugar. Están llenos de energía, y cuando están cansados caen donde sea y duermen. Lo que sea que elijan en su juego contribuye a más juego y más energía.

¿Has decidido que ya no puedes ser eso ahora que eres adulto?

¿Es verdad eso? ¿O puedes ser eso y expresarlo en una forma que funcione para ti?

Ser sexual es donde invitas al cambio y las diferentes posibilidades a tu vida. ¿Alguna vez has forzado algo a que exista? Sabes cómo se siente eso. Forzándote a ti mismo a escribir un ensayo, asegurarte de crear más dinero para pagar los gastos, forzar a tu pareja a que hable de algo que has decidido que es importante... sabes de lo que estoy hablando. Toma mucha energía y usualmente es muy frustrante.

¿Qué hay acerca de invitar al sexualness a la fiesta?

Si trataras a todos y a todo como tus amantes ¿los invitarías a que ellos vinieran?

Y vendrían. Tratar a todo y a todos como tus amantes también involucra gratitud cuando lleguen, para que estén invitados y motivados en futuras ocasiones. ¿Qué tal si trataras al dinero como a un amante? Percibe esa energía. ¿Más divertido? ¿crearía eso más facilidad con el dinero? ¿qué tal que trataras a tu cuerpo como un amante? ¿cuánto más se podrían divertir?

¿Alguna vez has forzado a tu cuerpo a que pierda peso? ¿qué tan bien funcionó eso? ¿qué tal el estar agradecido por ti y por tu cuerpo e invitarte a ti y a tu cuerpo a cambiar y a preguntar lo que es posible: "cuerpo, muéstrame ¿cómo te gustaría verte?" Quizá te sorprendas por lo que te muestre.

¿Qué puedes elegir diariamente que te permita a ti y a tu cuerpo ser la energía de sexualness? ¿qué expande la energía sanadora, nutritiva, expansiva, orgásmica y gozosa en tu vida y tu cuerpo? ¿caminar por la playa, bailar, escribir, hablar con un amigo, tomar un baño? ¿qué es para ti? ¿qué tal que pudieras hacer eso por lo menos media hora al día todos los días? ¿cuánto crearía eso la energía de las posibilidades y vivir en todas las áreas de tu vida?

Solía ser una de esas personas súper eficientes con largas listas de pendientes por hacer que revisaba diariamente. Tenía el punto de vista que así era como uno hacía las cosas. Estaba frustrada, apurándome a lo largo del día para lograr todo lo que estaba en la lista. ¿Percibes la energía al estar leyendo esto? ¿No es tan divertido, verdad? Terminaba las cosas de mi lista, pero mi vida no cambiaba. Pensaba que si terminaba todo, en algún momento mi vida mejoraría. Nunca sucedió.

Agrégale a ese tema que soy TOC, lo que quiere decir que cuando hago algo, lo hago a detalle, lo cual crea aún más trabajo. Me di cuenta que esa no era la forma en que deseaba crear mi vida, así que me demandé a mí misma que esto cambiara. Ahora empiezo mi día preguntando cuál es la energía que me gustaría que fuera mi vida. Me volví consciente de la facilidad y el gozo, la energía orgásmica, siempre en expansión, nutritiva, sanadora, y divertida que estaba pidiendo, y cada mañana me pido a mí y a mi cuerpo ser esa energía, sentirla en cada célula de mi cuerpo. Siendo esa energía, pregunto:

¿Qué puedo elegir hoy? ¿en dónde puedo poner mi energía hoy que me permita generar y crear mi vida de forma más grandiosa a lo que he pensado posible?

Elijo lo que sea igual energéticamente, a la vida que estoy deseando. Algunas veces es dar una caminata en la playa, algunas veces es hablar con alguien que me dará información e inspiración para crear algo nuevo… elegir lo que contribuye a mi vida crea un movimiento constante hacia adelante. Me pregunto una y otra vez "¿qué puedo elegir hoy que expanda mi vida?" Y elijo de nuevo. Eso es ser la pregunta, la elección, la posibilidad y la contribución. Los elementos de la expansión.

¿Qué tal si eligieras para ti y para tu cuerpo ser la energía de sexualness? ¿qué sería posible para ti?

Sexualness es ser como la naturaleza, vibrante y viviente. La naturaleza es esta gran orquesta que juega con los árboles, el viento, el sol, las nubes, el océano, la Tierra es la más grande de las sinfonías. Sabe cuando es tiempo de cambiar e instituye el cambio con facilidad.

Tener esa facilidad con ser y cambiar ¿volverías a tener algún problema de nuevo?

Ser sexual cuando facilitas a un cliente le invita a encarnar esa energía. ¿Y si no la cortas de nuevo? El sexualness no implica tener sexo con las personas. Es ser una energía que te invita a ti y a la otra persona a jugar de nuevo, a tener facilidad con el cambio y a dejar ir puntos de vista que crean dolor y sufrimiento.

Las personas siempre asumen que ser sexual implica tener sexo y entonces sólo se permiten ser esa energía en la cama. ¿Qué tal sacarla de la habitación y usarla en toda tu vida? ¿Qué tal permitir que esa energía de sexualness permee tu realidad completa? Ser gozoso, nutritivo, cariñoso, orgásmico, sanador y expansivo disipa la separación que creas contigo y con otras personas. Ya no se trata del experto/maestro dinámico y el paciente. Es acerca de que tú seas tú y que invites a la otra persona a ser él mismo.

Ser tú mismo crea cambio

Lo que me dio claridad cuando trabajaba facilitando el cambio con clientes, es que la técnica y modalidad con la que trabajo no es la fuente del cambio del cliente.

La mayoría de los terapeutas tienen el punto de vista que su técnica es lo que hace que funcione. Con la mayoría de las modalidades hay cierto camino, cierta forma y estructura en que se tienen que hacer las cosas. Los terapeutas usualmente aplican una técnica y tratan de hacer lo correcto, empleando mucho tiempo y energía. Existen estándares y puntos de referencia con los que comparan su propio trabajo, y después juzgan si lo han hecho bien o mal o si han sido exitosos o si han logrado el resultado que deseaban.

También yo he trabajado de esa forma. He leído muchos libros y asisto a seminarios acerca de muchas formas diferentes de hacer psicoterapia. Me juzgaba constantemente a mí misma, teniendo el punto de vista que no lo estaba haciendo suficientemente bien, que tendría que haber dicho esto o aquello, o que el cliente no obtuvo el cambio que tendría que haber obtenido. Me sentía tan mal y tan fracasada.

Los libros que leía acerca de las técnicas de terapia tenían esos ejemplos perfectos de cómo realizar la terapia y cómo el terapeuta sabe exactamente qué decir, en el momento correcto, en el que se desplegaba perfectamente la forma de usar esa técnica. En mis sesiones trataba de hacer lo mismo, mientras estaba con mi cliente recordaba lo que había leído en los libros y lo que el terapeuta en el libro había dicho, y trataba de hacerlo de la misma forma o, por lo menos, suficientemente "correctamente", lo que nunca funcionaba tan bien. Mis clientes nunca decían lo que los clientes decían en el libro; simplemente me miraban de manera peculiar y yo simplemente me sentía peor. Bienvenido a la auto tortura de los terapeutas.

Después de un año de hacerlo de la forma en que "se supone" que tenía que hacerlo, simplemente ya no podía hacerlo. Sabía que tenía que cambiar mi forma de trabajar. Ya era suficiente de la auto tortura. En algún lugar me daba cuenta que había una posibilidad diferente que te permitía trabajar con clientes en donde hubiera mucha más facilidad y gozo.

¿Cómo?

Empecé a hacer preguntas. Dejé ir todos mis puntos de vista respecto a que alguna técnica creaba cambio. le preguntaba a mis clientes qué cosas les ayudaban y lo que creaba cambio para ellos en el trabajo que hacíamos. A todas las personas que les pregunté dijeron que era yo, que el ser yo, no lo que yo decía, pero el cariño que les tengo, la forma en que los escucho y hablo con ellos sin juicio; eso es lo que les trae más cambios.

¡Wow! ¿Te puedes imaginar cuánto cambió mi realidad el escuchar esto? Siempre había pensado que tenía que utilizar correctamente la técnica y que tenía que trabajar duro y aprender más de la técnica y estudiar más. Pero no. Es el espacio que soy que invita a otras personas a ser y a encontrar lo que están buscando.

Esta toma de consciencia coincidía con lo que siempre había sabido que era posible. Podemos facilitarnos unos a otros hacia posibilidades más grandiosas simplemente estando presentes. Ya sabes como es cuando hablas con alguien que no tiene absolutamente ningún juicio de ti, que no tiene el punto de vista de que deberías cambiar, y que quien es tan nutritivo y sanador. Este es el espacio en donde estás motivado a cambiar si es que lo eliges y cuando lo elijas.

Así es como creé Psicología Pragmática; haciendo preguntas para abrir esa consciencia.

Cuando me encuentro con clientes, les hago preguntas y encarno esas preguntas. No me compro las historias de los clientes y busco cosas que dicen que indican dónde y cómo se están limitando a sí mismos. Las limitaciones son creadas cuando las personas eligen la inconsciencia y cuando eligen no darse cuenta. Lo que realmente los limita es, a menudo, no lo que ellos piensan que los está limitando. El cambio no ocurre principalmente al hablar de la limitación, sino al cambiar la energía. Hacer de las palabras la fuente del cambio es una gran limitación. El cambio es la elección de invitar a una posibilidad diferente. Cambiar la energía y estar consciente de las elecciones crea mayor facilidad y expansión; esto es lo que cambia la vida de las personas. Dejar ir los puntos de vista y los juicios desde los cuales operan las personas abre la consciencia de lo que se requiere para crear lo que desean.

Sabes cómo es cuando hablas incesantemente acerca de un problema y ves la causa, las razones y lo único que haces es crear una historia, hacer esa historia real y escarbar más profundamente en el problema. Tu energía es pesada y usualmente te sientes equivocado y desempoderado. Es fascinante para mí que así es como se supone que el cambio debe de ocurrir en esta realidad.

Ver lo que te expande a ti y a tu consciencia crea una ligereza y facilidad en tu universo y en tu cuerpo, incluso al hacerte consciente de un juicio negativo o una actitud crítica a la cual te has estado aferrado.

¿Qué tal que pudieras ser y saber y recibir la grandeza de ti? ¿Cuánto de lo que llamas problemas simplemente se desaparecerían y ya no serían relevantes? ¿Estás dispuesto a elegir el permitir que tu vida sea fácil y gozosa? En donde puedes recibir todo, incluyéndote a ti en totalidad sin juicio de nada. ¿Cuánto te gustaría inspirar al mundo a tener una perspectiva totalmente diferente?

Al dejar ir lo incorrecto de ti, de tu dolor y sufrimiento, puedes crear un mundo diferente. Prender las luces de la consciencia es donde la devastación, los problemas, el dolor y el sufrimiento ya no pueden existir. Dejas de estar al efecto de ellos. Eres el "terminator" del dolor y del sufrimiento, el que termina con el dolor.

Estar consciente es en donde todo llega a ti con facilidad, gozo y gloria.

Siendo tú y encarnando la consciencia, eliminas las paredes de la separación entre tú y los otros; entre tú y lo que realmente deseas.

Bienvenido a tu mundo. Bienvenido a nuestro mundo. Bienvenido a una vida de facilidad, gozo y gloria. Sí, es una elección que tienes.

Acerca de la Autora

Mag. Susanna Mittermaier, CFMW, licenciada en psicología clínica, terapeuta y facilitadora de Access Consciousness, es originaria de Viena, Austria, y está creando un nuevo paradigma con la psicología y la terapia: Psicología Pragmática, usando las revolucionarias herramientas de Access Consciousness.

Susanna tiene una perspectiva diferente y dinámicamente transformadora acerca del dolor psicológico y las enfermedades mentales, y va más allá de lo que actualmente se encuentra en el sector.

Susanna ha trabajado durante varios años en psiquiatría en Suecia y tiene su propia consulta privada, donde trata a clientes con depresión, ansiedad, bipolaridad, TDA, TDAH, autismo, Asperger, y otros diagnósticos con resultados notables.

Susanna Mittermaier siempre deseó empoderar a las personas a que supieran que saben, a que sean quienes son y a ser la elección de una forma más gozosa de vivir. Además de convertirse en psicóloga, Susanna también estudió para ser maestra, filósofa, lingüista y ha practicado otras modalidades. Susanna, desde que era niña, ha visto al mundo y se ha preguntado por qué las personas son tan infelices cuando vivir puede ser tan fácil y gozoso. Durante un tiempo se olvidó de su propio saber. ¡Sabía que eso tenía que cambiar! ¡Era momento de ir más allá y crear lo que realmente es capaz! En ese momento, entró en contacto con Access Consciousness, lo cual cambió todo para ella.

Hoy, Susanna viaja por el mundo para facilitar sesiones y talleres y clases de Access Consciousness en diferentes idiomas. Las personas dicen "eres la psicóloga más rara y gozosa que he conocido ¡me siento locamente cuerda, mi mundo cambió!"

Susanna describe la psicología como algo que ayuda a ajustarse a esta realidad, y a agregar consciencia ¡te saca completamente de la caja para acceder a más de lo que has imaginado posible!

CLASES DE PSICOLOGÍA PRAGMÁTICA

¿Qué tal que hubiera un paradigma diferente para la depresión, ansiedad, bipolaridad, desórdenes alimenticios, esquizofrenia y cualquier otro "desorden" diagnóstico clínico? ¡Sussana Mittermaier, psicóloga clínica de Austria, sabe que es así! Susanna ha usado las herramientas de Access Consciousness en temas de salud mental en Suecia y en su práctica durante años y ha tenido increíbles cambios. ¿Qué tal si pudieras superar el ser normal y percibir tu verdadera genialidad? ¿Qué está bien de esto que no estoy viendo? Y ¿cómo puedes cambiar lo que se supone que tiene que ser manejado a través de toda una vida y con medicamento a hacerlo con herramientas y preguntas?

Estas clases son para todos. Las personas que han sido diagnosticadas, los miembros de la familia, amigos, terapeutas de cualquier tipo, padres, maestros, trabajadores sociales. Cualquier persona que tenga curiosidad acerca de encontrar más, acerca de encontrar posibilidades más grandiosas para cambiar y acerca de facilitar cambio y ¡todos ustedes quienes estén dispuestos a acceder a lo que sabes!

¡Bienvenido a pasar del dolor, el sufrimiento y la violencia a la facilidad, el gozo y la gloria!

Estas clases se realizan a nivel mundial y también en línea.

www.susannamittermaier.accessconsciousness.com

Testimonios:

Soy enfermera psiquiátrica, y he asistido a la clase de psicología pragmática de Susanna. Trabajo con adolescentes que han sido diagnosticados con una enfermedad mental y apoyo a las familias a apoyarlos a ellos. También tengo un hijo adulto con esquizofrenia. El regalo que trae Susanna en su trabajo es una forma completamente diferente de ver las enfermedades mentales; ve más allá del estigma que la "enfermedad" trae a los regalos y capacidades que esos niños y adultos realmente poseen. Nos enseña a cómo acceder a nuestro propio saber y a mantener el espacio para una posibilidad diferente con nuestros clientes, familiares y nosotros mismos. ¡Y lo hace con tanta ligereza y gozo! Escucho las grabaciones una y otra vez mientras voy caminando al trabajo porque realmente me ayuda a mantener una actitud calmada y positiva a lo largo del día. ¡Muchas gracias Susanna!

¡Hola Susanna!

¡Muchas gracias por la clase de psicología pragmática! Estoy muy agradecida por ti y por la clase. La escucho una y otra vez. Me reconozco a mi misma en mucho de lo que has hecho. Trabajo en una escuela y hay muchas similitudes en comparación al sistema de salud. Tu clase ha empezado a abrir otras posibilidades en el mundo real para mi, de trabajar como maestra de una forma diferente, una *forma que funcione para mí y que cree posibilidades más grandiosas, así que GRACIAS desde lo más profundo de mi corazón.*

Veo un camino diferente ahora. Así que ¿qué más es posible? Eres fantástica y, vaya, ¡qué contribución para este mundo y esta realidad! ¿cómo puede mejorar esto aún más?

Para más información de la autora:

www.sussannamittermaier.com

CLASES PRINCIPALES DE ACCESS CONSCIOUSNESS

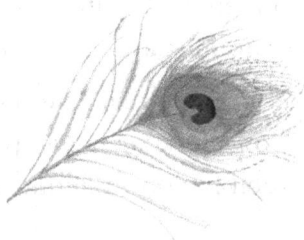

Access Consciousness es un conjunto de herramientas y técnicas diseñadas para ayudarte a cambiar lo que sea que no esté funcionando en tu vida, para que puedas tener una vida diferente y una realidad diferente. ¿Estás listo para explorar las infinitas posibilidades?

Las clases principales mencionadas abajo pueden expandir tu capacidad de más consciencia para que tengas una mayor consciencia de ti, de tu vida, de esta realidad ¡y más allá! Con mayor consciencia, puedes empezar a generar la vida que siempre has sabido que es posible y que aún no has creado. ¿Qué más es posible? La consciencia lo incluye todo y no juzga nada.

~ Gary Douglas, Fundador, Access Consciousness

Barras de Access

La primera clase de Access Consciousness son las Barras. ¿Sabías que hay 32 puntos en la cabeza, que cuando los tocas gentilmente, sin esfuerzo y fácilmente se liberan pensamientos, ideas, creencias, emociones y consideraciones que has guardado en cualquier vida?

¿Tu vida no es lo que quisieras que fuera? ¡Puedes tener todo lo que deseas (¡y más!) si estuviera dispuesto a recibir más y hacer un poco menos! Recibir o aprender las Barras permitirá esto, y mucho más a que se presente para ti.

Las Barras son el prerrequisito de todas las clases principales de Access Consciousness, ya que le permite a tu cuerpo procesar y recibir con facilidad todos los cambios que estás eligiendo.

Duración: 1 día.

El fundamento

Access Consciousness es un sistema pragmático para funcionar más allá de las limitaciones de un mundo que no funcione para ti. Al ver los temas de la vida desde una perspectiva totalmente diferente, se vuelve fácil cambiar cualquier cosa.

El fundamento se trata de sacarte de la matrix de esta realidad y descubrir y liberar los puntos de vista que te están limitando.

Descubrirás cómo crear tu vida de la forma en que la deseas. esta clase te dará mayor toma de consciencia de ti como ser infinito y las infinitas posibilidades que tienes disponible.

Duración: 4 días.

Prerrequisitos: Las Barras

Elección de Posibilidades

Estas clases ofrecidas por Gary Douglas, el Dr. Dain Heer, Simone Milasas y Brendon Watt, accederás al espacio donde empiezas a reconocer tus capacidades como ser infinito. Te volverás más consciente de lo que te gustaría generar como vida: financieramente, en las relaciones, en tu trabajo y más allá.

Generar tu vida es un incremento momento a momento respecto a lo que realmente es posible en tu vida. Cuando dejas de crear desde tu pasado, puede empezar a generar un futuro que es ilimitado. ¿Qué tal que percibir las posibilidades pudiera reemplazar el juicio de todos los lugares donde estás en lo correcto o equivocado?

~ *Gary Douglas*

Duración: 3 días

Clases de 3 días de cuerpo de Access

¿Qué tal que tu cuerpo fuera una guía a los secretos, misterios y magia de la vida? La clase de 3 días de cuerpo de Access fue creada por Gary Douglas y el Dr. Dain Heer y es facilitada por facilitadores certificados de cuerpo.

Esta clase está diseñada para abrirte a dialogar y crear una comunión con tu cuerpo que te permita disfrutar de tu cuerpo en lugar de pelear en su contra. Cuando cambias la forma de relacionarte con tu cuerpo, puedes cambiar la forma en que te relacionas con todo en tu vida. Las personas que han asistido a estas clases han reportado cambios dramáticos en el tamaño de su cuerpo y o en la forma del mismo, alivio de dolor crónico o agudo y mayor facilidad en sus relaciones y flujos de dinero.

¿Tienes un talento y habilidad para trabajar con los cuerpos que aún no has abierto? ¿O eres un trabajador corporal, masajista, quiropráctico, doctor o enfermera buscando formas de mejorar la sanación o lo que puedes hacer por tus clientes?

Ven a jugar con nosotros y explora cómo comunicarte y relacionarte con los cuerpos, incluyendo el tuyo de muchas formas nuevas.

Duración: 3 días

Prerrequisito: Barras y el Fundamento

Clase Avanzada de Cuerpo con Gary Douglas y el Dr. Dain Heer

Esta clase ofrece una serie única de nuevos procesos corporales que dan al cuerpo la posibilidad de ir más allá de las limitaciones de esta realidad. ¿qué tal si pudieras deshacer las limitaciones bloqueadas en tu cuerpo que crean una alteración en la forma en que funciona ¿qué tal si tu cuerpo pudiera volverse mucho más eficiente? ¿qué tal si tú y tu cuerpo no tuvieran que funcionar de la forma en la que todos en esta realidad creen que tiene que ser?

¿Qué tal si la comida, los suplementos y el ejercicio tuvieran casi nada que ver con cómo tu cuerpo funciona realmente? ¿qué tal que pudieras tener facilidad, gozo y comunión con tu cuerpo mucho más allá de lo que es considerado posible ahora? ¿estarías dispuesto a explorar las posibilidades?

Duración: 3 días

Prerrequisito: Las barras de Access, el fundamento, elección de posibilidades y haber tomado dos veces la clase de 3 días de cuerpo

Siendo tú, cambiando el mundo, el inicio con el Dr. Dain Heer

Esta clase por la tarde, que está abierta a todo mundo, te dará un claves de qué más es posible en tu vida. Es también el inicio de la clase de 3.5 días de la clase siendo tú cambiando el mundo.

La clase de Siendo tú, cambiando el mundo con el Dr. Dain Heer

¿Cómo sería si crearas una vida más grande y realidad en la que valiera la pena jugar? ¿siempre estás pidiendo más y buscando ese "algo" que todos sabemos que es posible? ¿qué tal que ese "algo" fueras TÚ? ¿qué tal si tú, siendo tú, fuera todo lo que se requiriera para cambiar todo, tu vida, todos alrededor de ti y al mundo?

Este evento de 3.5 días está diseñado para llevarte de una vida en piloto automático, a estar COMPLETAMENTE VIVO y estar totalmente presente como el ser infinito que en realidad eres. Te abrirá a una consciencia expandida de una vida sin juicio y te empoderará a saber que sabes.

Con las herramientas de Access, perspectivas y procesos verbales que estos días pueden ofrecer, puedes empezar a cambiar en cualquier área de tu vida que no esté funcionando para ti, como las relaciones, el dinero o el cuerpo, y empezar a crear el futuro que realmente deseas.

También experimentarás el proceso transformacional del Dr. Dain Heer llamado "síntesis energética de la comunión" y recibir y experimentar una experiencia de ser que es imposible describir, que no encontrarás en ningún otro lado y que se quedará contigo por el resto de tu vida ¡si es que lo permites!

Esta clase no tiene prerrequisitos y cada evento es creado únicamente por las personas que eligen venir. Juntos vamos a un camino de creación… a un espacio que nunca antes ha existido.

¿Qué tal si, realmente siendo tú, fueras el regalo y el cambio que el mundo requiere?

Duración 3.5 días

Prerrequisitos: Ninguno

Clase de Access de 7 días

¿Eres un aventurero y buscador de aún más grandes posibilidades? ¿estás dispuesto a considerar preguntas que nunca antes has hecho? ¿estás listo para recibir más cambio de lo que puedes imaginar? Si es así ¡el evento de 7 días sea justo para ti!

Es por invitación únicamente, una clase de libre formato y se facilita dos veces al año en lugares hermosos alrededor del mundo por el fundador de Access Consciousness Gary Douglas y el cofundador el Dr. Dain Heer. Para ser invitado, tienes que haber asistido a la clase de elección de posibilidades en persona.

No hay ninguna otra clase o evento similar que se ofrezca en el mundo. Es una experiencia de vida única que te cambiará la vida.

Duración: 7 días

Para encontrar más información de las clases ve a: www.accessconsciousness.com

OTROS LIBROS PUBLICADOS DE ACCESS CONSCIOUSNESS

RELACIONES SIN DIVORCIO
Por Gary M. Douglas

La mayoría de nosotros pasamos mucho tiempo divorciándonos de partes y piezas de nosotros mismos para poder querer a alguien más. Por ejemplo, te gustaría ir a correr, pero en lugar de ir a correr, pasas el tiempo con tu pareja para demostrarle a él o ella cuánto los quieres. "Te quiero tanto que renunciaría a esto que es valioso para mi, para poder estar contigo." Esta es una de las formas en que te divorcias de ti para crear una relación íntima.

¿Qué tan a menudo divorciarte realmente funciona para ti a la larga?

SIENDO TÚ, CAMBIANDO EL MUNDO
Por el Dr. Dain Heer

¿Has sabido siempre que algo COMPLETAMENTE DIFERENTE es posible? ¿Qué tal que pudieras tener un manual de infinitas posibilidades y cambio dinámico para guiarte? Con herramientas y procesos que sí funcionan y te invitaran a una forma completamente diferente de ser. Para ti. Para el mundo.

EL GOZO DE LOS NEGOCIOS
Por Simone Milasas

Si estuvieras creando tu negocio desde el GOZO de ello ¿qué elegirías? ¿qué cambiarías? ¿qué elegirías si supieras que no puedes fallar? Los negocios son GOZO, es creación, es generativo. Puede ser la aventura de VIVIR.

LIDERANDO DESDE LA VANGUARDIA DE LA POSIBILIDAD:
Ya no más hacer los negocios como siempre
Por Chutisa y Steve Bowman

Este libro es para personas que están dedicados a crear una vida más grandiosa de la que tienen ahora y para hacer una diferencia en el mundo. En este libro, *liderando desde la vanguardia de la posibilidad*, los autores Chutisa y Steve Bowman proveen perspectivas en los negocios y la vida que han salido por su trabajo con miles de juntas directivas y equipos a lo largo de varias décadas.

El tema de este libro es ya no hacer los negocios como siempre se han hecho. Más precisamente es un libro acerca de la posibilidad, la elección, la pregunta, la contribución y lo que tomaría para liderar tu negocio y tu vida desde la vanguardia de la posibilidad.

PARA MÁS INFORMACIÓN DE LOS LIBROS DE

ACCESS CONSCIOUSNESS VE A

WWW.ACCESSCONSCIOUSNESSPUBLISHING.COM